Maria Angela Cernigliaro

Più scrivo più parlo

1

Materiale per la produzione scritta e orale

A1-A2

ornimi
EDITIONS

Maria Angela Cernigliaro è nata a Napoli dove si è laureata in Lettere Classiche e in Storia e Filosofia. È in possesso di un master in Didattica dell'Italiano a stranieri (LS e L2) e ha conseguito il Dottorato in Letteratura Italiana. Oggi vive ad Atene dove insegna lingua e cultura italiana presso il Centro Linguistico dell'Università Capodistriaca. È autrice di manuali per l'insegnamento e l'apprendimento della lingua italiana e neogreca, di saggi letterari e romanzi.

Redazione:
Alessandra Vitali, Gennaro Falcone

Impaginazione e progetto grafico:
ORNIMI Editions

Foto:
Shutterstock

Copyright © ORNIMI Editions
Lontou 8 10681 Atene
Tel. +30 210 3300073
info@ornimieditions.com
www.ornimieditions.com

ISBN: 978-618-5554-07-1

 "non fotocopiando un libro aiutiamo tutti coloro che lo creano"

L'Editore è a disposizione degli aventi diritto che non è stato possibile rintracciare e per eventuali omissioni o inesattezze.
Tutti i diritti di traduzione, memorizzazione elettronica, riproduzione e di adattamento parziale o totale, tramite qualsiasi mezzo (digitale o supporti di qualsiasi tipo), di quest'opera, sono riservati in Italia e all'estero.

Presentazione

Più scrivo più parlo! è nato dalla lunga esperienza dell'autrice, maturata nel campo dell'insegnamento della lingua italiana agli stranieri. Si tratta di un progetto didattico in due volumi: il primo per i livelli A1-A2 e il secondo per i livelli B1-B2 in linea con le direttive del Quadro Comune Europeo di Riferimento per la conoscenza delle lingue.

I due volumi si rivolgono a studenti d'italiano di ogni fascia d'età, adolescenti, giovani e adulti, che desiderino sviluppare le competenze necessarie nell'abilità di produzione scritta e orale e/o per prepararsi a sostenere un esame di Certificazione (Celi, Cils, Plida, ecc.).

Ogni volume comprende **20 unità tematiche – 10 unità per ogni livello**, accompagnate da un'unità introduttiva – che possono essere utilizzate per affiancare un manuale di lingua italiana per stranieri, oppure in maniera autonoma e in autoapprendimento, grazie alle soluzioni presenti in appendice.

La sequenza degli argomenti, infatti, rispetta l'ordine di apprendimento presentato da qualsiasi manuale d'italiano per stranieri che segua i criteri didattici del QCER. Nonostante ciò, è possibile gestire la sequenza delle unità in modo autonomo e indipendente, visto che l'aspetto lessicale, pragmatico, morfosintattico e semantico è specifico e relativo al contesto argomentativo trattato in ogni unità.

Per permettere allo studente una corretta produzione scritta e orale su diversi argomenti, pertanto, ogni unità comprende:

- lessico specifico
- composizioni svolte
- varie attività di comprensione
- esercizi lessicali e morfosintattici finalizzati
- suggerimenti pratici e utili
- esercizi ludici
- attività comunicative di riutilizzo creativo
- immagini e grafica accattivante e stimolante.

Come si ricava dal titolo, obiettivo di questo libro è di incoraggiare ogni tipo di studente, anche il più timido, attraverso l'attività di scrittura, a riflettere sulla lingua, organizzando il pensiero con chiarezza e coesione, e ad esprimersi con fluenza, senza esitazioni, nei quotidiani contesti comunicativi.

Tale procedimento, inoltre, permetterà allo studente di poter assimilare la lingua dei parlanti nativi in modo interessante e coinvolgente, acquisendo strategie utili che lo accompagneranno dagli inizi fino al livello medio, dove potrà facilmente destreggiarsi nella scrittura di testi più articolati e nel condurre in modo efficace una conversazione in vari contesti.

In conclusione, ringraziamo tutti coloro che vorranno darci suggerimenti utili a migliorare il presente libro nelle successive edizioni.

Obiettivi del QCER (Quadro Comune Europeo di Riferimento per le lingue) per la prova di produzione scritta e orale.

Livello A1 (livello principainte)
Produzione scritta
- È in grado di scrivere una lista di oggetti e numeri.
- È in grado di dare informazioni sulla sua persona, compilando moduli di registrazione o prenotazione con numeri e date, informazioni personali di tipo anagrafico (nome, nazionalità, età, domicilio, hobby, ecc.).
- È in grado di scrivere brevi messaggi di auguri (per esempio un messaggio per il compleanno).
- È in grado di scrivere una cartolina breve e semplice a conoscenti italiani (per esempio una cartolina con i saluti dalle vacanze).
- È in grado di scrivere una breve nota per informare qualcuno dell'accettazione o del rifiuto di un invito.
- È in grado di scrivere semplici espressioni e frasi su se stesso/a e su persone immaginarie, sul luogo in cui abitano/vivono e ciò che fanno.

Produzione orale
- È in grado di formulare espressioni semplici, prevalentemente isolate, su persone e luoghi.
- È in grado di descrivere se stesso/stessa, che cosa fa e dove vive.
- È in grado di stabilire contatti sociali di base usando le più semplici formule convenzionali correnti per salutare e congedarsi, presentare qualcuno, dire "per favore", "grazie", "scusi" ecc.
- È in grado di cavarsela con enunciati molto brevi, isolati, solitamente memorizzati, facendo molte pause per cercare le espressioni, per pronunciare le parole meno familiari e per riparare agli errori di comunicazione.

Livello A2 (livello elementare)
Produzione scritta
- È in grado di scrivere una breve e semplice annotazione o comunicazione relativa ai suoi bisogni immediati.
- È in grado di descrivere, con frasi semplici, un evento e dire che cosa, quando e dove è capitato (per esempio, una festa, un imprevisto, ecc.).
- È in grado di descrivere, con frasi ed espressioni semplici, gli aspetti della vita quo-

tidiana (persone, luoghi, lavoro, scuola, famiglia, hobby).
- È in grado di fornire, su un questionario, delle notizie sulla sua formazione, sul suo lavoro, sui suoi interessi e su conoscenze particolari (per esempio: sui pro e contro di un argomento della vita quotidiana).
- È in grado di presentarsi brevemente in una e-mail con frasi ed espressioni semplici (famiglia, scuola, lavoro, hobby).
- È in grado di usare in una e-mail breve semplici formule di saluto, formule di inizio lettera, modi di dire per ringraziare o chiedere qualcosa.
- È in grado di scrivere frasi semplici, usando semplici congiunzioni (per esempio: ma, perché, poiché, ecc.).
- È in grado di usare le parole necessarie per esprimere il susseguirsi temporale di un evento (prima, poi, più tardi, successivamente, ecc.).

Produzione orale
- È in grado di descrivere o presentare in modo semplice persone, condizioni di vita o di lavoro, compiti quotidiani, di indicare che cosa piace o non piace ecc. con semplici espressioni e frasi legate insieme, così da formare un elenco.
- È in grado di raccontare una storia o descrivere qualcosa elencandone semplicemente i punti.
- È in grado di descrivere, brevemente e in modo elementare, avvenimenti e attività.
- È in grado di descrivere progetti e accordi presi, abitudini e comportamenti di routine, attività svolte in passato ed esperienze personali.
- È in grado di descrivere la propria famiglia, le condizioni di vita, la propria formazione, il lavoro attuale o quello svolto in precedenza.
- È in grado di fare un'esposizione breve ed elementare, preparata e provata in precedenza, su un argomento familiare.

INDICE

		PAG.	FUNZIONE SCRITTA	FUNZIONE ORALE
0	Benvenuti!	9	Scrivere delle liste	Salutare
1	Io sono…	15	Presentarsi per trovare amici in chat	Mi presento
2	Tanti auguri!	23	Scrivere brevi messaggi di auguri a un/un'amico-a	Lasciare messaggi di auguri vocali sul cellulare
3	Ci messaggiamo con il cellulare?	31	Scrivere brevi messaggi sul cellulare	Lasciare brevi messaggi vocali sul cellulare
4	Informazioni stradali	39	Scrivere un breve messaggio sul cellulare con informazioni stradali	Chiedere a un passante dove si trova una strada o un edificio
5	C'è una camera libera?	47	Compilare un modulo di prenotazione e scrivere una breve e-mail formale e informale	Parlare al telefono con il receptionist di un albergo
6	E oggi che fai di bello?	53	Scrivere che cosa si fa in una giornata tipo e sviluppare gli appunti di un'agenda	Raccontare una giornata tipo (nostra e/o dei nostri amici)
7	Tempo libero	61	Scrivere su un forum per chiedere e ricevere consigli sul tempo libero	Parlare del tempo libero
8	Ti presento i miei amici e la mia famiglia	69	Descrivere una persona	Parlare di un amico o di una persona della propria famiglia
9	Tu che prendi?	77	Scrivere un testo sulle abitudini degli italiani a tavola	Interagire in un bar o in un ristorante
10	Cento di questi giorni!	85	Raccontare sul blog una festa di compleanno	Parlare di un compleanno

INDICE

		PAG.	FUNZIONE SCRITTA	FUNZIONE ORALE
11	Facciamo shopping?	93	Partecipare a un forum sullo shopping	Parlare di moda
12	Dove sei andato in gita?	101	Raccontare una gita in una e-mail	Parlare di una gita
13	Animali domestici	109	Rispondere o scrivere un annuncio per regalare o prendere un animale domestico	Descrivere l'aspetto e il carattere di un animale
14	Chi vivrà vedrà	117	Prevedere il futuro	Buoni propositi per il futuro
15	L'album dei ricordi	125	Raccontare un ricordo d'infanzia	Parlare del passato
16	Ciak si gira!	133	Scrivere la trama di un film	Discutere di cinema e piattaforme
17	Casa mia, casa mia…	139	Descrivere una casa	Arredare uno spazio
18	Salute e benessere	147	Scrivere alla rubrica di una rivista di *Salute e Benessere*	Chiedere consigli a un amico per affrontare un problema di salute
19	Sta per arrivare l'estate	155	Scrivere un volantino per organizzare una giornata ecologica	Convincere un amico a partecipare a una giornata ecologica
20	Dove c'è musica…	163	Fare confronti tra la musica leggera del passato e di oggi	Fare un'intervista a un cantante italiano
	Chiavi	**170**		

BENVENUTI!

livello A1

0

SCRIVIAMO
Scrivere delle liste

PARLIAMO
Salutare

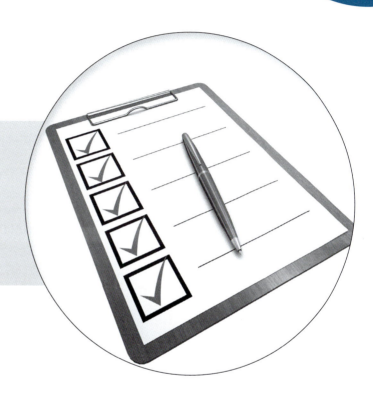

LESSICO
cinese, francese, maestro, libro, classe, scrivania…

FUNZIONI
salutare; descrivere la classe; chiedere la nazionalità, il lavoro, la lingua…

ESPRESSIONI
benvenuto, arrivederci, Che lavoro fai?, Quale lingua parli?, in classe c'è/ci sono…

1a Inserisci le parole nei riquadri corrispondenti.

benvenuto – cinese – Angela – salve – Roma – Andrea – buonasera – Venezia – Rossella – francese – Gigi – inglese – Firenze – spagnolo – Napoli – americano – Francesca – buongiorno – tedesco – ciao – Palermo – brasiliano – addio – Paolo – italiano – Torino

SALUTI

NOMI

CITTÀ

NAZIONALITÀ

1b Metti al femminile gli aggettivi di nazionalità.

1. _____
2. _____
3. _____
4. _____
5. _____
6. _____
7. _____
8. _____

Ricordate che gli aggettivi di nazionalità in –e sono uguali al maschile e al femminile!

BENVENUTI!

2a Ordina le lettere e indica per ogni oggetto (immagine) il nome giusto.

1. BRILO _____
2. QUANODER _____
3. NEPAN _____
4. GNALAVA _____

5. TAMATI _____
6. MOMGA _____
7. ZIODIRIONA _____
8. OGLIFO _____

2b Che cosa c'è nella tua classe? Metti al plurale i nomi dell'esercizio precedente.

1. _____
2. _____
3. _____
4. _____

5. _____
6. _____
7. _____
8. _____

c'è - ci sono

Più scrivo 1 più parlo

SCRIVIAMO

3a Scrivi i seguenti nomi sotto l'immagine corrispondente.

pennetta usb – stampante – penna – matita – gomma – pennarello – libro – schermo – tastiera – quaderno – cellulare – caramella

1. _____ 2. _____ 3. _____ 4. _____ 5. _____ 6. _____

7. _____ 8. _____ 9. _____ 10. _____ 11. _____ 12. _____

3b Metti gli articoli determinativi e indeterminativi davanti ai nomi dell'esercizio precedente.

1. ____ / ____ pennetta usb
2. ____ / ____ stampante
3. ____ / ____ penna
4. ____ / ____ matita
5. ____ / ____ gomma
6. ____ / ____ pennarello
7. ____ / ____ libro
8. ____ / ____ schermo
9. ____ / ____ tastiera
10. ____ / ____ quaderno
11. ____ / ____ cellulare
12. ____ / ____ caramella

BENVENUTI!

4a Trova nel crucipuzzle, in orizzontale e verticale, almeno 10 professioni e mestieri nascosti.

I	A	S	M	O	D	E	L	L	O	G	D	M	Y
A	V	V	O	C	A	T	O	G	W	G	D	N	E
V	N	J	X	A	D	M	E	D	I	C	O	K	A
L	I	N	S	E	G	N	A	N	T	E	P	S	F
S	E	G	R	E	T	A	R	I	O	M	P	T	O
A	Y	K	A	T	T	O	R	E	U	M	S	U	T
W	U	I	N	F	E	R	M	I	E	R	E	D	O
L	G	B	O	Q	Q	T	W	X	X	M	J	E	G
Y	E	E	S	H	N	M	Y	L	P	H	H	N	R
M	A	E	S	T	R	O	Q	V	T	D	K	T	A
R	S	H	C	O	M	M	E	S	S	O	N	E	F
S	A	E	R	I	M	P	I	E	G	A	T	O	O
F	R	K	Z	P	E N	S	I	O	N	A	T	O
F	J	I	N	G	E	G	N	E	R	E	N	G	W

> **!** Che lavoro fai?
> - Faccio il maestro.
> - Sono maestro.

4b Completa con il verbo corretto: *essere* o *avere*.

1. Valeria _____ maestra.
2. Massimo e Lucia _____ pensionati.
3. Io _____ venti anni.
4. Voi _____ in classe.
5. Noi _____ una bella casa.
6. Tu _____ molti amici.
7. Lei, signora, _____ italiana?
8. Tu _____ una Fiat.

5 Rispondi alle seguenti domande.

Quale lingua parlano…
1. gli italiani?
2. gli inglesi?
3. i tedeschi?
4. i francesi?
5. i cinesi?
6. gli spagnoli?
7. i greci?
8. i portoghesi?
9. i russi?

Più scrivo 1 più parlo

PARLIAMO

PER PARLARE

1 Guardate l'immagine e poi dite se, secondo voi:

1. Nella foto c'è ☐ un uomo ☐ una donna
2. È ☐ in treno ☐ in classe
3. Saluta ☐ un'amica ☐ una città
4. È ☐ una maestra ☐ un maestro
5. Ha ☐ venti anni ☐ cinquant'anni

2 In coppia: a turno leggete le domande e rispondete.

1. Che cosa dici per salutare un amico? E il tuo insegnante?
2. Quali oggetti ci sono in classe?
3. Che cosa c'è sulla tua scrivania?
4. Che lavoro fai?
5. Sei italiano/italiana?
6. Quale lingua parli?

ESPRESSIONI UTILI

- Buongiorno / Buonasera
- Salve! / ArrivederLa!
- Ciao! / Arrivederci
- Secondo me
- Ho venti anni

- Che cosa c'è?
- Quali cose ci sono?
- Che lavoro fai/fa?
- Quale lingua parli/parla?

Più scrivo 1 più parlo

1 livello A1

IO SONO...

 SCRIVIAMO
Presentarsi per trovare amici in chat

 PARLIAMO
Mi presento

○ **LESSICO**
nome, cognome, età, anno, indirizzo, lingua, via…

○ **FUNZIONI**
presentarsi, chiedere il nome, l'età, la provenienza, la professione, informarsi su un'altra persona…

○ **ESPRESSIONI**
Come ti chiami?, Di dove sei?, Quanti anni hai?, Dove abiti/vivi?, Che lavoro fai?, Perché studi l'italiano?, Quante e quali lingue parli?…

Più scrivo 1 più parlo

1a Cerco amici in chat. Leggi i testi.

Salve! Mi chiamo Mary Smith e ho 22 anni. Sono inglese di Londra, ma ora abito a Roma in via Quattro Fontane 10. Sono in Italia per lavoro. Sono una fotografa. Parlo il francese e l'inglese. Cerco amici italiani per parlare italiano. Scrivetemi a Mary@

Sono **di** Londra. Abito **a** Roma, **in** Italia.

Sono inglese, **ma** abito a Roma. Parlo il francese **e** l'inglese.

IO SONO…

1b Completa la tabella con i dati.

Nome	
Cognome	
Età	
Nazionalità	
Indirizzo	
Lavoro	

2 Metti davanti al verbo il pronome soggetto corretto.

1. _____ si chiama Clara.
2. _____ parli il tedesco.
3. _____ salutate gli insegnanti.
4. _____ abitano in città.
5. _____ vivo a Venezia.
6. _____ lavoriamo molto.
7. _____ sono stranieri.
8. _____ hai una penna?
9. _____ cerco casa.
10. _____ scrive un'e-mail.

> Io mi chiamo
> Tu ti chiami
> Lui/lei/Lei si chiama

3a Trova nel crucipuzzle 7 interrogativi.

> Interrogativi:
> - Chi?
> - Che / Che cosa /Cosa?
> - Come?
> - Quando?
> - Dove?
> - Perché?
> - Quanto?

T	Q	Y	F	W	Q	F	D	L	E	F
S	U	B	X	J	C	H	I	N	I	U
N	A	S	O	H	T	Y	O	S	F	Q
Z	N	Y	S	V	N	X	L	V	C	G
V	T	Q	U	A	N	D	O	R	Y	Q
T	O	U	V	O	U	X	N	F	J	E
B	C	Q	O	F	X	O	E	G	T	Q
T	H	B	I	X	E	M	D	O	V	E
T	E	W	O	S	C	O	M	E	D	P
P	E	R	C	H	É	L	P	M	B	R
N	B	L	I	X	C	M	E	D	J	F

17

Più scrivo 1 più parlo

3b Sottolinea l'interrogativo corretto.

1. *Chi / Che cosa* è l'insegnante?
2. *Dove / Come* si chiama la ragazza di Lorenzo?
3. *Quando / Quanti* anni ha?
4. *Perché / Che* studi l'italiano?
5. *Dove / Cosa* abita Carla?
6. *Come / Quante* lingue parla Pablo?

4 Collega domanda e risposta.

1. Come si chiama la ragazza?   a. No, è inglese
2. Quanti anni ha?   b. Mary Smith
3. È italiana?   c. È di Londra
4. Di dove è?   d. È fotografa
5. Dove abita?   e. Tre lingue
6. Perché è in Italia?   f. 22 anni
7. Che lavoro fa?   g. A Roma
8. Quante lingue parla?   h. Per parlare italiano
9. Perché cerca amici?   i. Per lavoro

5 Completa le frasi con *e* o *ma*.

1. Mary è americana, _____ abita a Firenze.
2. Tu sei straniero, io sono italiano _____ lei è americana.
3. Pablo _____ Mary sono in Italia. Non lavorano, _____ studiano.

IO SONO...

6 Scrivi l'infinito del verbo.

1. parla _____
2. vive _____
3. hai _____
4. è _____
5. abitiamo _____
6. studi _____
7. stai _____
8. lavorano _____
9. scrivete _____
10. cerco _____

7 Scegli il verbo corretto e completa le frasi.

> sei – parli – ha – abito – si chiama – sono – cerchi – è

1. Io _____ a Parigi.
2. Lei _____ Gianna.
3. Tu _____ spagnolo.
4. Io _____ medico.
5. Lui _____ ventisei anni.
6. Tu _____ di Roma.
7. Paul _____ straniero.
8. Tu _____ amici.

8 Sottolinea la parola corretta.

1. Io sono *di / da* Roma.
2. Lei *si chiama / chiamasi* Gabriella.
3. Marco *è / e* italiano.
4. Tu *no / non* sei straniero.
5. Lui *è / ha* ventidue anni.
6. Io abito *a / di* Napoli.
7. Tu non studi, *e / ma* lavori.
8. Anna abita *in / da* via Toledo? *No! / Non!*
9. Io parlo *italiano / italiani*.
10. Smith è un signore *inglese / ingleso*.

Napoli

Più scrivo più parlo

 SCRIVIAMO

9 Completa con la preposizione corretta.

> a – in – di

1. Franz è un ragazzo tedesco. È _____ Monaco.
2. Vivo _____ Pechino _____ Cina.
3. Paulo è brasiliano. Abita _____ Brasile _____ San Paolo.
4. Tu sei inglese? Sei _____ Liverpool?
5. Loro sono studenti dell'università _____ Perugia.

10 Per ciascun aggettivo, indica se la forma è maschile (M), femminile (F) o entrambe (M/F).

1. inglese ☐
2. italiana ☐
3. spagnolo ☐
4. francese ☐
5. russa ☐
6. cinese ☐
7. tedesco ☐
8. brasiliana ☐
9. turco ☐
10. portoghese ☐
11. greca ☐
12. americano ☐

 Ricordate che gli aggettivi in -e sono uguali al maschile e al femminile!

11 Metti la vocale finale corretta agli aggettivi.

1. l'amica turc____
2. lo studente grec____
3. la ragazza spagnol____
4. la musica brasilian____
5. lo sport american____
6. la lingua giappones____
7. la scuola ingles____
8. la moda frances____
9. la cucina italian____
10. la signora portoghes____

TANTI AUGURI! 2

Ora tocca a te!
Scrivi il tuo profilo (nome, età, ecc.) per trovare amici italiani in chat.

PER PARLARE

1 Completate il seguente dialogo.

A: ___iao. Io so___o John. E tu, co___e t___ chiam___?
B: Pia___er___! Mi c___iam___ Pablo. Come sta___?
A: Benis___im___. Gra___ie! Pablo, perch___ se___ in Italia?
B: Io sono in Italia per la___oro. Sono un foto___rafo. E tu?
A: Io non son___ qui per lavoro, ma per tu___ism___.

2 Dite per quale motivo volete imparare l'italiano. Qual è il motivo più comune nella vostra classe?

- per piacere
- per turismo
- per studiare in Italia
- per lavoro
- per conoscere italiani
- per vivere in Italia
- per leggere la letteratura italiana
- per conoscere la cucina italiana
- per vedere film italiani
- per ascoltare musica italiana
- per conoscere la moda italiana
- perché il/la mio/mia ragazzo/ragazza è italiano/italiana
- altro...

Più scrivo 1
più parlo

PARLIAMO

3 In coppia: a turno uno studente legge le seguenti domande e l'altro prova a rispondere.

1. Come ti chiami?
2. Sei italiano?
3. Di dove sei?
4. Dove abiti?
5. Che lavoro fai?
6. Perché sei in Italia?
7. Quante e quali lingue parli?

ESPRESSIONI UTILI

- Mi chiamo Lorenzo
- Sono Lorenzo
- Sono di (di+città)
- Abito a Roma (a+città) / in Italia
- Sono fotografo/-a
- Parlo l'italiano e il francese
- Sono in Italia per lavoro/per turismo/ per amore
- Per conoscere (per + infinito)

Più scrivo più parlo

2
livello A1

TANTI AUGURI!

 SCRIVIAMO
Scrivere brevi messaggi di auguri

PARLIAMO
Lasciare messaggi vocali di auguri sul cellulare

- **LESSICO**
  regalo, festa, festeggiare…

- **FUNZIONI**
  fare gli auguri per il compleanno, per il Natale, per le feste…

- **ESPRESSIONI**
  tanti (tantissimi) auguri, augurissimi, ti faccio tanti auguri, ti auguro buone feste…

① **Leggi i messaggi di auguri e abbinali alle foto corrispondenti.**

1. Tanti auguri di Buon Compleanno! Cento di questi giorni!
2. Caro Francesco, oggi è il tuo onomastico. Ti faccio tantissimi auguri!
3. Auguro Buon Natale e Felice Anno Nuovo a te e alla tua famiglia.
4. I miei più affettuosi auguri di una serena Pasqua!
5. Amore mio, ti amo! Voglio stare con te per tutta la vita! Buon San Valentino!
6. Congratulazioni per la tua laurea! Complimenti, dottore/dottoressa!

② **Metti in ordine le parole per creare un messaggio.**

1. di / auguri / buon / Tanti / Natale

   _____

2. nuovo / auguro / un / felice / Ti / anno

   _____

3. una / serena / te / Auguro / tua / Pasqua / a / famiglia / e / alla

   _____

4. per / Complimenti / la / laurea / Brava!

   _____

5. Buon / giorni / di / Cento / questi / compleanno!

   _____

24

TANTI AUGURI!

3 Che cosa festeggiamo? Abbina giorno e festa.

1. Il 25 dicembre
2. Il 26 dicembre
3. Il 1 gennaio
4. Il 6 gennaio
5. Nel mese di febbraio
6. Il 14 febbraio
7. L'8 marzo
8. Nel mese di aprile
9. Il giorno dopo Pasqua
10. Il 1° maggio

è

a. Natale.
b. Pasquetta.
c. La festa dei lavoratori.
d. Carnevale.
e. Santo Stefano.
f. Pasqua.
g. La Festa delle donne.
h. San Valentino.
i. La Befana.
l. Capodanno.

1. ____ 2. ____ 3. ____ 4. ____ 5. ____ 6. ____ 7. ____ 8. ____ 9. ____ 10. ____

4 Completa il dialogo.

A: Quan____ ____ festegg____ il tu____ onomastico?
B: Io festegg____ ____ il mi____ onomastico il 12 settembre.
A: E quando è il tu____ complea____ ____o?
B: È il 28 mag____ ____o.

5 Completa la tabella.

nome	verbo
	festeggiare
augurio	
	regalare
amore	

25

6a Scegli dal riquadro i regali che preferisci fare a un amico o a un'amica del cuore. Puoi anche scegliere i regali che non ti piacciono.

profumo – penna – tablet – cellulare – scatola di cioccolatini – libro – zaino – cd – cappello – collana – mazzo di fiori – dolce – cravatta – accendino – paio di pantofole – viaggio – borsa – orologio

A Per un amico	B Per un'amica	C Non mi piace
altro…	altro…	

6b Metti gli articoli indeterminativi davanti a ogni regalo.

____	profumo	____	zaino
____	penna	____	cd
____	tablet	____	cappello
____	cellulare	____	collana
____	scatola di cioccolatini	____	mazzo di fiori
____	libro	____	dolce
____	cravatta	____	viaggio
____	accendino	____	borsa
____	paio di pantofole	____	orologio

TANTI AUGURI!

7 Sottolinea l'aggettivo corretto.

1. Buon / Buona Pasqua!
2. Buon / Buono Natale!
3. Buoni / Buone feste!
4. Buon' / Buon anno!
5. Buono / Buon San Valentino!
6. Buon / Buon' compleanno!

Ricordate che
- **buon** si usa davanti a parole maschili al singolare.
- **buono** si usa davanti a parole maschili al singolare che iniziano per s + consonante, z, ps.
- **buona** si usa davanti a parole femminili al singolare.
- **buoni** si usa davanti a parole maschili al plurale.
- **buone** si usa davanti a parole femminili al plurale.

8 Scrivi le seguenti parole nel riquadro corretto. (Attenzione: una parola va nei due riquadri!)

lo spumante   l'uovo   l'albero   i fuochi d'artificio   il presepe   la colomba   Babbo Natale   il cenone   la vigilia   il panettone

Feste natalizie

Pasqua

Più scrivo più parlo 1

9 Giochiamo! Guarda le immagini e completa il proverbio.

"(1.) _____ con i tuoi e... (2.) _____ con chi vuoi!"

Ora tocca a te!

Crea la tua cartolina personalizzata per fare gli auguri di San Valentino al tuo amore.

TANTI AUGURI!

PER PARLARE

1 Completate e leggete il messaggio vocale per un amico che festeggia il suo compleanno.

> giorni – regalo – auguri

Ciao, Lorenzo! Oggi è il tuo compleanno. Ti faccio tanti _____ (1).
Cento di questi _____ (2)! Ho anche un _____ (3)
per te. A stasera! Baci. 😊

2 In coppia: a turno leggete le domande e rispondete.

1. Quale è la festa dell'anno che preferisci?
2. Preferisci festeggiare il tuo onomastico o il tuo compleanno?
3. Quando è il tuo compleanno?
4. Che cosa auguri ad un amico nel giorno del suo compleanno?
5. Preferisci fare o ricevere un regalo?
6. Quale regalo fai a un amico? E a un'amica?
7. A Natale e a Pasqua preferisci stare a casa con la tua famiglia o preferisci stare con i tuoi amici?

3 Guardate le immagini e raccontate la storia.

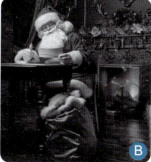

A   B   C   D

Più scrivo 1 più parlo

 PARLIAMO

ESPRESSIONI UTILI

- A presto!
- A domani!
- A stasera!
- Baci
- Bacini
- Un bacione
- Il mio compleanno è l'8 aprile
- Fare un regalo
- Ricevere un regalo
- Preferire (-sco) + infinito
- Buon compleanno!
- Buona Pasqua!
- Fare gli auguri

Più scrivo più parlo 1

3 — livello A1

CI MESSAGGIAMO CON IL CELLULARE?

SCRIVIAMO
Scrivere brevi messaggi sul cellulare

PARLIAMO
Lasciare brevi messaggi vocali sul cellulare

○ **LESSICO**
cinema, film, supermercato, allegro, spavento, certo, sicuramente, subito, appena…

○ **FUNZIONI**
confermare, cancellare un appuntamento, accettare e rifiutare un invito…

○ **ESPRESSIONI**
grazie per l'invito, ti prego, mi manchi, Ci vediamo?, Vuoi venire?, andiamo, Perché no!…

1 Abbina i seguenti messaggi alla risposta corretta.

1. Sono a un meeting. Ti chiamo dopo. OK?
2. Vieni con me al cinema? C'è un film italiano. Ti prego...
3. Silvia, per piacere, puoi andare tu al supermercato?
4. Amore, perché non rispondi? Che succede? Appena leggi questo messaggio, chiamami subito!
5. A che ora ci vediamo per la lezione? Rispondimi!
6. Dove sei? Io sono al bar. Ti aspetto.
7. Carlo, ciao. Vuoi venire da me nel pomeriggio? Mi manchi!

a. Ora non lo so. Forse alle otto. Ti mando un sms per confermare o disdire. A presto!
b. Sììì! Mi manchi anche tu. 😊😊
c. Va bene. Bacioni. A dopo!
d. Perché no! Accetto l'invito con piacere. Amo il cinema italiano!
e. Tesoro, mi dispiace, ma ora purtroppo non posso. Sono dal dentista. Scusami! ☹
f. Arrivo fra cinque minuti. Sono in taxi, ma c'è molto traffico!
g. Certo! Volentieri. Che cosa devo comprare?

CI MESSAGGIAMO CON IL CELLULARE?

2a Nei messaggi ci sono i nomi di alcuni posti. Guarda le foto e scrivi dove siamo.

> al cinema – al supermercato – in ufficio – in uno studio medico –
> al bar – a casa – in taxi

1. _____ 2. _____ 3. _____ 4. _____

  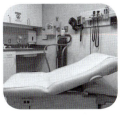

5. _____ 6. _____ 7. _____

2b Metti gli articoli davanti ai nomi del precedente esercizio e trasforma al plurale.

SINGOLARE	PLURALE
1. ____ cinema	_____
2. ____ supermercato	_____
3. ____ ufficio	_____
4. ____ studio medico	_____
5. ____ bar	_____
6. ____ casa	_____
7. ____ taxi	_____

Più scrivo più parlo 1

3 Metti in ordine le parole e la punteggiatura per ricostruire le frasi.

1. l' / con / . / Accetto / piacere / invito

2. me / Vuoi / cinema / ? / con / venire / al

3. cinque / fra / . / minuti / Arrivo

4. purtroppo / ma / posso / Mi / , / ora / . / dispiace / non

5. appuntamento / o / sms / disdire / . / mando / l' / confermare / . / per / Ti

6. senti / chiamami / ! / messaggio / Appena / , / questo / subito

4 Sottolinea la forma corretta.

1. Mi scusa! / Scusami!
2. Vuoi vieni? / Vuoi venire?
3. Telefonimi! / Telefonami!
4. Purtroppo devo refusare / rifiutare l'invito.
5. Rispondami! / Rispondimi!
6. Ci vediamo? / Vediamo al bar?
7. È / C'è molto traffico.
8. Chiamimi! / Chiamami!

5 Completa la frase con la preposizione corretta.

1. Vieni _____ casa mia?
2. Accetto _____ piacere il tuo invito.
3. Grazie _____ l'invito. Volentieri!
4. Vuoi venire _____ me _____ cinema?
5. _____ piacere, puoi andare tu _____ supermercato?
6. Vuoi venire _____ me _____ pomeriggio?
7. Sono _____ un meeting. Dobbiamo rimandare l'appuntamento.
8. Arrivo _____ cinque minuti. Sono _____ taxi. _____ dopo!
9. Sono _____ dentista.

CI MESSAGGIAMO CON IL CELLULARE?

6 Completa le seguenti frasi con i verbi in parentesi.

1. Stefano, perché tu e Davide non _____ (venire) con noi al bar?
2. Scusami, ma io non _____ (potere) capire che succede.
3. Noi amiamo i film italiani e _____ (andare) con piacere al cinema.
4. Alessandro non _____ (dovere) rifiutare l'invito di Giulia.
5. Voi _____ (potere) telefonare ora a Valentina.
6. Oggi Ilaria festeggia il suo compleanno. _____ (io dovere) comprare per lei un bel regalo.
7. Ora, se tu _____ (volere), _____ (potere) mandare un sms a Bice.
8. I miei amici _____ (dovere) restare a casa a studiare.
9. _____ (noi andare) insieme al supermercato?
10. _____ (tu volere) venire da me?

7a Quando scriviamo dei messaggi, spesso usiamo le emoticon che in italiano si chiamano *faccine*. Abbina i seguenti aggettivi alle immagini.

a

d

1. sorpreso ☐
2. felice ☐
3. arrabbiato ☐
4. spaventato ☐
5. contento ☐
6. triste ☐

b

e

c

f

Più scrivo più parlo 1

7b Trova nel crucipuzzle 7 nomi che indicano emozioni. Li trovi sotto con le lettere in disordine.

Y	F	R	A	B	B	I	A	O	F	Q
J	S	E	X	E	F	N	F	I	E	B
M	J	L	O	Z	P	T	U	Q	L	Y
A	L	L	E	G	R	I	A	P	I	O
P	S	O	R	P	R	E	S	A	C	J
E	U	V	J	J	V	N	E	Q	I	Y
W	I	G	Y	G	C	L	B	V	T	X
S	P	A	V	E	N	T	O	X	À	Z
L	E	T	R	I	S	T	E	Z	Z	A
Z	R	I	M	G	I	O	I	A	Z	D
L	Q	J	V	H	D	F	X	N	S	K

1. AOIGI
2. LALERIGA
3. FILIÀTCE
4. RZTISETZA
5. SAPVTENO
6. SERPORSA
7. BABIRA

Ora tocca a te!
Scrivi dei brevi messaggi sul cellulare a un/una tuo/a amico/a, perché...

- devi studiare e non puoi andare alla sua festa di compleanno.
- vuoi invitare il tuo amico al bar.
- c'è traffico e non puoi arrivare in orario all'appuntamento.
- sei a un meeting e non puoi chiamare.
- hai un impegno e non puoi andare al supermercato.
- vuoi invitare il tuo amico a casa per…

CI MESSAGGIAMO CON IL CELLULARE?

PER PARLARE

1 Abbinate domanda e risposta.

1. Qual è il tuo numero di cellulare?
2. Usi spesso il tuo cellulare?
3. Mandi messaggi vocali ai tuoi amici?
4. Se non senti bene, cosa dici?

a. Sì, molto spesso.
b. 69-44-14-68-12
c. Non sento bene. Mandami un messaggio!
d. Raramente. Preferisco i messaggi scritti.

1. _____ 2. _____ 3. _____ 4. _____

2 Guardate le immagini.

A

B

Fate delle ipotesi.

- Secondo te, che messaggio manda il giovane alla ragazza?
- Che cosa risponde la ragazza?

③ Situazione

- Non puoi andare al bar con Simona perché hai un impegno. Che messaggio vocale mandi alla tua amica?
- Vuoi invitare Vittorio a casa tua. Che messaggio vocale mandi al tuo amico?

ESPRESSIONI UTILI

- Uso *spesso / raramente* il mio cellulare.
- *Mi piacciono / non mi piacciono* i messaggi vocali.
- Preferisco mandare messaggi *scritti / vocali*.
- Non sento bene, puoi richiamare?
- Non sento bene, mandami un messaggio!
- Qual è il tuo numero?

Più scrivo 1 più parlo

4 livello A1

INFORMAZIONI STRADALI

SCRIVIAMO
Scrivere un breve messaggio sul cellulare con informazioni stradali

PARLIAMO
Chiedere a un passante dove si trova una strada o un edificio

LESSICO
l'indirizzo, il capolinea, la fermata, la piazza, la via (la strada), la macchina, la moto, la bicicletta, a piedi, in autobus, il museo, la biblioteca, l'ufficio postale, qui, lì, a sinistra, a destra, vicino, lontano…

FUNZIONI
chiedere e dare informazioni stradali, per muoversi in città; descrivere un luogo…

ESPRESSIONI
abito in via…, devi/deve andare dritto, attraversare, prendere la prima/seconda…, Dove si trova…?, Mi sai/sa dire dove è…?

Più scrivo più parlo 1

1 Collega alle immagini le seguenti parole.

museo – biblioteca – ufficio postale – farmacia – chiesa – banca – bar – ristorante – edicola – semaforo – fontana

1. _____ 2. _____ 3. _____ 4. _____

5. _____ 6. _____ 7. _____ 8. _____

9. _____ 10. _____ 11. _____

2 Completa la tabella con i contrari, come nell'esempio.

andare – lontano – salire – davanti – qui – scendere – destra – vicino – là – sinistra – dietro – *venire*

andare		*venire*
_____	⟷	_____
_____	⟷	_____
_____	⟷	_____
_____	⟷	_____
_____	⟷	_____

INFORMAZIONI STRADALI

4

3 Dov'è il cane? Abbina l'immagine all'espressione corrispondente.

1. _____ dietro a
2. _____ vicino a / accanto a
3. _____ tra/fra
4. _____ intorno a
5. _____ di fronte a
6. _____ attraverso
7. _____ in mezzo a
8. _____ davanti a

4 Metti in ordine le lettere per trovare la parola, come nell'esempio.

*La mia casa si trova **R – T – A** la farmacia e la banca.*   TRA

1. Il bar *Daniele* è **C – I – V – I – N – O** alla farmacia. _____
2. C'è una banca di **R – O – F – N – E – T** alla chiesa. _____
3. L'ufficio postale è **I – E – D – T – O – R** al supermercato. _____
4. La fermata dell'autobus è **A – V – D – N – I – T – A** all'hotel Bellavista. _____
5. La fontana è in **Z – E – Z – O – M** alla piazza. _____
6. **N – I – T – O – N – O – R** al museo c'è un bel giardino. _____

5 Completa il messaggio con le seguenti parole.

> prendi – fino – abito – guarda – destra – fermata – edificio

Senti, io _____ (1) in via Duomo al numero 167. Per venire da me _____ (2) l'autobus numero 27 e scendi alla _____ (3) "Duomo". Vai _____ (4) all'edicola e gira a _____ (5). È il primo _____ (6) di colore bianco, vicino al bar. Per essere sicuro, _____ (7) su google map.

6 Riordina le informazioni.

1. a / arrivare / Per / mia / casa

   _____

2. autobus / alla / Prenda / l' / "Duomo" / e / scenda / numero / fermata / 4

   _____

3. vada / fino / edicola / piedi / A / all' / dritto

   _____

4. a / Giri / destra

   _____

5. edificio / È / primo / il

   _____

6. su / map / Guardi / google

   _____

7a Sottolinea gli imperativi degli esercizi 5 e 6.

INFORMAZIONI STRADALI

7b Scrivi gli imperativi nelle due liste.

lista A (imperativo informale)	lista B (imperativo formale)

IMPERATIVO
verbi in –*are* = tu: parla/Lei: parli
verbi in –*ere* = tu: metti/Lei: metta
verbi in –*ire* = tu: finisci/Lei: finisca

Alcuni irregolari: va' (tu)/vada (Lei);
vieni (tu)/venga (Lei);
sali (tu)/salga (Lei)

8 Sostituisci gli imperativi con la forma corretta del verbo *dovere*, secondo l'esempio.

    (tu) gira → *devi girare*
    (Lei) giri → *deve girare*
1. (tu) vieni → _____ _____
2. (Lei) scenda → _____ _____
3. (tu) va' → _____ _____
4. (Lei) venga → _____ _____
5. (tu) sali → _____ _____
6. (Lei) salga → _____ _____
7. (Lei) vada → _____ _____
8. (tu) scendi → _____ _____
9. (Lei) attraversi → _____ _____
10. (tu) guarda → _____ _____

9 <u>Sottolinea</u> la preposizione corretta.

1. Non puoi venire *da / di / in* me *a / in / per* piedi.
2. Giri *a / in / su* sinistra.
3. Vieni *di / a / in* autobus.
4. Scenda *dalla / alla / nella* fermata numero 4.
5. Vada dritto fino *all' / nell' / dell'* edicola.
6. L'edificio è vicino *al / nel / a* bar.

Più scrivo più parlo 1

SCRIVIAMO

10 Trova 10 colori nel crucipuzzle (4 in orizzontale e 6 in verticale). Con le lettere che restano trova il colore numero 11.

Il colore 11 è: _____

11 Giochiamo: di che colore è in Italia? Indica il colore e poi abbina ogni descrizione alle immagini che seguono.

1. Il taxi è _____ come la neve.

2. L'autobus è _____ come il limone.

3. La croce della farmacia è _____ come la foglia.

4. Il cartello del parcheggio è _____ come il mare.

5. Lo stop è _____ come la mela.

a. ☐ b. ☐ c. ☐ d. ☐ e. ☐

INFORMAZIONI STRADALI 4

Ora tocca a te!

Manda un messaggio sul cellulare ad un amico e scrivi
- l'indirizzo della tua casa
- come può venire da te

PER PARLARE

1 Mettete in ordine le sillabe e trovate i mezzi di trasporto.

1. CHI – MAC – NA _____
2. CI – TA – CLET – BI _____
3. TO – MO – NO – RI _____
4. TO – AU – BUS _____
5. NA – PO – ME – LI – TA – TRO _____
6. BUS – FI – LO _____
7. CI – CLET – MO – TA – TO _____

2 In coppia: a turno leggete le domande e rispondete.

1. Preferisci camminare o prendere un mezzo di trasporto?
2. Quale mezzo di trasporto preferisci? Perché?
3. Nel tuo paese quanto costa il biglietto dell'autobus?
4. In città usi la bicicletta?

3 Fate dei dialoghi come negli esempi, modificando gli elementi con quelli che trovate nei punti 1 e 2.

TU	LEI
A: Senti, scusa, mi sai dire dove si trova la pizzeria *Da Antonio*? B: Certo! Allora… va' dritto fino al semaforo, poi gira a destra in via Verdi. Il ristorante si trova in fondo a via Verdi. A: Grazie!	A: Senta, scusi, mi sa dire dove si trova la pizzeria *Da Antonio*? B: Certo! Allora… vada dritto fino al semaforo, poi giri a destra in via Verdi. Il ristorante si trova in fondo a via Verdi. A: Grazie!

1. La fermata dell'autobus 9 – andare dritto per questa strada – davanti al museo.
2. La scuola *De Amicis* – andare dritto – girare a sinistra – di fronte alla banca.

ESPRESSIONI UTILI

- (tu) Senti, scusa! / (Lei) Senta, scusi!
- Mi sai/sa dire dove si trova?
- Camminare a piedi
- Prendere un mezzo di trasporto
- Andare in macchina, in bus
- Sicuro ≠ pericoloso
- Quanto costa il biglietto del tram?
- Spesso ≠ qualche volta
- Sempre ≠ mai

Più scrivo 1 più parlo

5
livello A1

C'È UNA CAMERA LIBERA?

SCRIVIAMO
Compilare un modulo di prenotazione e scrivere una breve e-mail formale e informale

PARLIAMO
Parlare al telefono con il receptionist di un albergo

LESSICO
albergo, campeggio, ostello, agriturismo, il/la receptionist, il/la cliente, camera matrimoniale, singola, ascensore, finestra, balcone, comodino, coperta, lenzuola…

FUNZIONI
fare e cancellare una prenotazione, informarsi su un alloggio e sui servizi…

ESPRESSIONI
l'albergo si trova, vorrei prenotare una camera, confermare, cancellare (annullare) una prenotazione, colazione inclusa, si accettano animali…

Più scrivo più parlo 1

SCRIVIAMO

1 Completa i seguenti nomi che indicano vari tipi di sistemazione che si possono trovare in vacanza.

1. __ a m p __ g __ i __
2. b __ d & __ r __ __ k __ a __ t
3. __ s __ e l __ o
4. p __ n s __ o __ e
5. a __ b e __ g __
6. __ g r __ t __ r __ s __ o

2 Abbina le seguenti parole alle immagini.

reception – camera doppia – bagno – bar – sala ristorante – piscina – spiaggia privata – parcheggio

1. _____   2. _____   3. _____   4. _____

5. _____   6. _____   7. _____   8. _____

3 Prova a mettere in ordine le lettere degli aggettivi, contrari di quelli dati, come nell'esempio.

Luminoso ⟷ <u>b u i o</u> (u i b o)
1. Economico ⟷ __ __ __ __ (r a c o)
2. Rumoroso ⟷ __ __ __ __ __ __ __ __ __ __ (a t r n q u l o i l)
3. Pulito ⟷ __ __ __ __ __ __ (o s p c o r)
4. Vecchio ⟷ __ __ __ __ __ (n o u o v)
5. Piccolo ⟷ __ __ __ __ __ __ (a g r n e d)
6. Bello ⟷ __ __ __ __ __ __ (u t b r t o)

C'È UNA CAMERA LIBERA?

4a Vuoi prenotare un albergo. Leggi il seguente annuncio sul sito internet Trivago.

> **Descrizione albergo**
>
> L'Hotel Bellavista è un elegante hotel a 4 stelle, vicinissimo al centro e a soli 20 metri dalla spiaggia e dal mare.
> Le camere sono confortevoli, con balcone vista mare, aria condizionata, TV sat., frigobar, connessione Internet Wi-fi, cassaforte elettronica. Si accettano cani di piccola taglia. Brunch incluso.
> Da € 79 al giorno. hotelbellavista@libero.it
>
> Mostra di più

4b Abbina la parte di frase della colonna A con la parte di frase corretta della colonna B.

A	B
1. L'hotel si chiama	a. al centro.
2. È un hotel a	b. confortevoli e panoramiche.
3. È molto vicino	c. la colazione.
4. È a 20	d. metri dalla spiaggia e dal mare.
5. Le camere sono	e. Bellavista.
6. Si accettano	f. cani piccoli.
7. Nel prezzo è inclusa	g. 4 stelle.

1. ____ 2. ____ 3. ____ 4. ____ 5. ____ 6. ____ 7. ____

5 Compila il seguente modulo di prenotazione.

Dati personali	N. di camere richiesto	Tipologia di camera	Periodo	Pagamento
Nome e Cognome _____		Matrimoniale ☐	Arrivo ☐	Contanti ☐
Telefono _____		Doppia ☐	Partenza ☐	Carta di credito ☐ • Visa • Mastercard
e-mail _____		Singola ☐	N° notti ☐	

Più scrivo più parlo 1

6a Completa le brevi e-mail con le seguenti parole e indica qual è l'e-mail formale (F).

cancellare – luminoso – motivi – città – dispiace – mare – bacione

SCRIVI MAIL

Caro Giorgio,
sono a Napoli con Silvia in un elegante albergo, nuovo e _____ (1) a pochi passi dal centro della _____ (2). L'albergo ha tutti i comfort con un grande balcone vista _____ (3).
A presto.
Un _____ (4)
M.

SCRIVI MAIL

Gentili signori,
mi _____ (5), ma non posso confermare la mia prenotazione di una camera singola per il periodo dal 26 al 29 marzo per _____ (6) di lavoro. Per questo vorrei _____ (7) la mia prenotazione.

Cordiali saluti
Mario Rossi

6b Completa la regola.

1. Iniziamo una e-mail informale con la formula _____
2. Chiudiamo una e-mail informale con la formula _____
3. Iniziamo una e-mail formale con la formula _____
4. Chiudiamo una e-mail formale con la formula _____

7 Completa con la preposizione corretta.

1. Vorrei prenotare ____ 15 ____ 22 aprile.
2. Vorrei compilare il modulo ____ prenotazione.
3. Per piacere, può rispondere ____ questa e-mail?
4. Ora telefono ____ reception.
5. L'hotel è vicino ____ centro.
6. L'hotel è ____ pochi metri ____ mare.
7. La camera ha un balcone ____ vista mare.
8. ____ prezzo è compresa la prima colazione.

C'È UNA CAMERA LIBERA? 5

8 Giochiamo: in due squadre, separate le parole di questi due paroloni per sapere cosa c'è in una camera d'albergo. Vince il gruppo che termina per primo.

a. PORTALENZUOLOBALCONECASSAFORTECUSCINOARMADIO
b. SCRIVANIAFINESTRASEDIASPECCHIOPOLTRONACOMODINO

Ora tocca a te!

- Scrivi un breve messaggio ad un amico sul tuo cellulare per dire che sei a Roma, in un albergo elegante, con un grande balcone panoramico, a pochi passi dal centro della città.

- Scrivi una breve e-mail alla signora Renata, impiegata della reception di un grande albergo, per cancellare la tua prenotazione dal 6 al 9 luglio per motivi di lavoro.

PER PARLARE

1 Completate con la finale corretta.

A: Pront____, buongiorno. Avete un____ camera libera da lunedì prossim____ fino a venerdì compres____?
B: Un attimo, preg____. Allora... c'è una camera doppi____.
A: Sent____, scus____, quanto cost____?
B: 80 eur____ a nott____ con colazion____.
A: Perfett____! Ah, scus____. C'è un balcon____ o una finestra con vista mar____?
B: Tutt____ le nostre camere sono panoramich____.
A: Benissim____. Allora, prenoto.
B: Come si chiam____?
A: Mario Rossi.
B: Mi pu____ dare il su____ numero di telefono?
A: Cert____. È 3335573671.
B: Grazi____, signor Rossi. Arrivederci.
A: Dunque... A lunedì prossimo. Buon____ giornata.

Più scrivo più parlo 1

PARLIAMO

2 Descrivete l'immagine. Poi dite:

- Per chi è il messaggio?
- La camera è prenotata?
- Che tipo di camera è?
- Come si chiama l'albergo?
- Che cosa vuole ricordare al cliente il responsabile dell'albergo?
- Qual è il numero per contattare l'albergo?

3 In coppia: a turno leggete le domande e rispondete.

1. Quando vai in vacanza dove dormi? Perché?
2. Per prenotare un albergo, una pensione o altro di solito telefoni o compili un modulo on line?
3. Come deve essere, secondo te, un albergo?
4. Quali sono i servizi più importanti che deve offrire?

Situazione

In coppia: Lo studente A è un/una cliente, lo studente B è il/la receptionist.
A turno leggete le schede sotto e fate il/la cliente e il/la receptionist.

- camera libera
- date: 13-17 maggio
- costo
- servizi:
  - con/senza parcheggio
  - balcone panoramico
- anticipo
- confermare

- camera singola
- date: 13-17 maggio
- costo: 79 euro
- servizi:
  - piscina, bar, ristorante, tv, wifi, aria condizionata, ascensore, bagno, senza parcheggio, balcone vista mare
- no anticipo
- informazioni sul cliente

ESPRESSIONI UTILI

- (Io) amo le comodità
- Troppo caro
- Soluzione economica
- Offrire i servizi

- Con ≠ senza
- Pagare un anticipo
- Compilare un modulo

Più scrivo 1 più parlo

6 livello A1

E OGGI CHE FAI DI BELLO?

SCRIVIAMO
Scrivere che cosa si fa in una giornata tipo e sviluppare gli appunti di un'agenda

PARLIAMO
Raccontare una giornata tipo (nostra e dei nostri amici)

- **LESSICO**
  svegliarsi, vestirsi, sentirsi stanco/a, pomeriggio, giovedì, spesso, qualche volta, ogni giorno, due volte alla settimana…

- **FUNZIONI**
  descrivere la propria giornata, parlare e descrivere che cosa si fa nel fine settimana e nel tempo libero…

- **ESPRESSIONI**
  Come è la tua giornata?, Che cosa fai di solito il fine settimana?, E nel tempo libero?…

1 Leggi il testo e completa il programma della giornata di Stefania con le preposizioni e gli orari corretti.

verso le 18:30 – alle 8:45 – a mezzanotte – alle 20:30 in punto – dalle 9:00 alle 14:00 – fino alle 23:30 circa – alle 7:00 – tra le 17:00 e le 17:15 – alle 7:30 – dalle 14:00 alle 16:00 – alle 8:00

Ogni mattina mi sveglio _____ (1). Prima vado in bagno, mi faccio la doccia e mi trucco. _____ (2) faccio colazione e dopo mi vesto. _____ (3) prendo la metropolitana e _____ (4) sono in ufficio. Lavoro _____ (5) e poi _____ (6) faccio una pausa e pranzo alla mensa con i miei colleghi. Di solito torno a casa _____ (7). Mi riposo, bevo spesso un caffè e _____ (8) esco e vado in piscina. _____ (9) sono sempre a casa e ceno. Parlo al cellulare con il mio amico Sandro e poi guardo la tv _____ (10). La sera non faccio mai ginnastica. Vado a letto _____ (11).

2 Metti in ordine le seguenti azioni che fa Filippo, usando *prima* e *poi/dopo*, secondo il modello.

va al lavoro - esce di casa (prima esce di casa e poi/dopo va al lavoro)

1. fa colazione - si sveglia _____
2. si lava - si alza _____
3. si veste - esce di casa _____
4. torna a casa - pranza _____
5. guarda la tv - va a letto _____

3a Leggi le seguenti frasi e <u>sottolinea</u> gli avverbi di frequenza.

1. Non esci mai la sera tardi?
2. Telefono spesso ai miei colleghi.
3. Di solito i miei amici vanno al lavoro a piedi.
4. Qualche volta vado al museo.
5. Prendete sempre la metropolitana quando tornate dall'università?
6. Lavoro raramente la domenica.

E OGGI CHE FAI DI BELLO?

3b Scrivi gli avverbi precedenti su una scaletta dal più frequente (1) al meno frequente (6).

1. _____
2. _____
3. _____
4. _____
5. _____
6. *non... mai*

4 Riscrivi le frasi con l'avverbio tra parentesi.

1. Andiamo dai nostri nonni. (raramente)
   _____

2. Il mio amico dorme a casa mia. (spesso)
   _____

3. Fate colazione al bar? (non - mai)
   _____

4. Mi sveglio alle 8. (di solito)
   _____

5. Vai a cena fuori. (qualche volta)
   _____

6. I miei genitori fanno la spesa al supermercato. (sempre)
   _____

5 Indica i giorni della settimana. Poi indovina quale giorno della settimana non c'è.

1. Viene prima di domenica.
2. Viene dopo il lunedì.
3. È il primo giorno della settimana.
4. È un giorno di genere femminile.
5. Ha il nome più lungo.
6. Viene dopo il giovedì.

Non c'è il _____

Più scrivo più parlo 1

SCRIVIAMO

6 Leggi la seguente pagina dell'agenda telematica di Claudio. Osserva che cosa fa dal lunedì al venerdì e poi nel fine settimana. Dopo completa le frasi con le informazioni.

lunedì	martedì	mercoledì	giovedì	venerdì	sabato	domenica
7.00 correre	7.00 correre	7.00 correre	7.00 correre		12.00 fare spesa al supermercato e shopping	11.00 fare una passeggiata al parco o un giro in bicicletta
17.00 fare lezione di spagnolo	17.30 fare un corso di fotografia	17.00 fare lezione di spagnolo	17.30 fare un corso di fotografia			15.00 andare allo stadio
					18.00 prendere l'aperitivo con gli amici	
19.30 navigare su internet	19.00 navigare su internet	19.00 navigare su internet	20.30 cenare da mamma e papà	20.00 giocare a tennis		
					21.00 andare al cinema o a teatro con gli amici	20.00 mangiare una pizza a casa con mio fratello

1. Quattro volte alla settimana Claudio _____.
2. Tre volte alla settimana _____.
3. Due volte alla settimana _____ e _____.
4. Una volta alla settimana _____ e _____.
5. Il sabato _____, _____, e _____.
6. La domenica _____ e _____.

7a Che cosa deve fare Antonella? Abbina alle immagini le cose che deve fare oggi Antonella. Attenzione agli intrusi!

Antonella deve…

1. fare colazione – 2. fare ginnastica – 3. fare le pulizie – 4. fare la spesa – 5. fare shopping – 6. fare una passeggiata con il cane – 7. fare un corso di tedesco – 8. fare una pausa – 9. farsi la doccia – 10. truccarsi

E OGGI CHE FAI DI BELLO?

A. _____   B. _____   C. _____

D. _____   E. _____   F. _____

7b Nel tempo libero che fa di solito Antonella e perché? Completa le seguenti frasi.

Nel tempo libero Antonella…

1. resta _____ casa per _____.
2. va _____ palestra per _____.
3. va _____ cinema per _____.
4. va _____ un centro commerciale per _____.
5. va _____ supermercato per _____.
6. va _____ un ristorante per _____.

8 Guarda le immagini e completa con la forma corretta.

a. si pettina   b. lava   c. veste

d. si lava   e. si veste   f. pettina

1. Stefano _____ i denti.
2. Marino _____ la macchina.
3. Camilla _____ la bambola.
4. Serena _____ i capelli di Sara.
5. Paola _____ i capelli.
6. La ragazza _____ e poi esce.

9 Ora sottolinea la forma corretta.

1. Marcello *sveglia / si sveglia* alle 8.
2. La mamma *veste / si veste* il bambino.
3. Noi *facciamo / ci facciamo* la doccia.
4. I bambini *si fanno / fanno* colazione e poi vanno a scuola.
5. Maria *pettina / si pettina* ogni giorno la sua sorellina.
6. *Prepari / Ti prepari*, per favore? Dobbiamo uscire!
7. I miei amici *guardano / si guardano* la tv.
8. *Lavo / Mi lavo* i capelli.

10 Metti in ordine le seguenti parole per avere delle frasi.

1. che / di / Senti / bello? / oggi / Federica, / fai

_____ .

TANTI AUGURI!

2. sabato / venire / Luciano, / me / teatro? / a / vuoi / con

   _____.

3. a / pranziamo / Noi / casa. / non / mai

   _____.

4. A / ci / Va / vediamo? / ora / bene. / che

   _____.

5. poi / studiare / potete / Prima / dovete / uscire. / e

   _____.

6. andiamo / Di / commerciale / fare / shopping. / centro / solito / al / per

   _____.

7. mi / Senti, / con / posso / dispiace / te. / cinema / stasera / non / venire / al / ma

   _____.

8. pomeriggio / con / Sara / e / la / bici / parco. / oggi / Manuela / vanno / al / Nel

   _____.

9. guardiamo / dalle / Ogni / bel / insieme / film. / e / 10 / sera / 12 / io / alle / Marco / un

   _____.

10. navighiamo / molto / quando / su / divertiamo / internet. / Ci

    _____.

Ora tocca a te!

Racconta la tua giornata tipo.

Più scrivo 1 più parlo

 **PARLIAMO**

PER PARLARE

1 Sei mattiniero e ti svegli presto la mattina o sei dormiglione e ti svegli a mezzogiorno?

2 In coppia: Chiedi al tuo compagno cosa fa di solito in questi momenti della giornata e poi racconta che cosa, invece, fai tu.

La mattina	Dopo pranzo
Il pomeriggio	La sera

3 Descrivete le foto.

IL GIORNO FESTIVO PER LUI E PER LEI

A B C D

4 Dite la vostra opinione.

- Per voi che significa "giorno festivo"?
- Che cosa fate di solito quando tornate a casa dal lavoro?
- Qual è il giorno della settimana che preferite? Che cosa fate di solito in questa giornata?
- Quante volte alla settimana vedete i vostri amici? Dove andate?

ESPRESSIONI UTILI

- Svegliarsi presto ≠ tardi
- Mattiniero ≠ dormiglione
- Giorno festivo
- Passare la giornata
- Passare la mattinata/serata/nottata
- Fare quattro chiacchiere
- Fare due passi

TEMPO LIBERO

livello A1

7

SCRIVIAMO
Scrivere su un forum per chiedere e ricevere consigli sul tempo libero

PARLIAMO
Parlare del tempo libero

- **LESSICO**
  hobby (passatempo), relax, annoiarsi, divertirsi, cucinare, scattare fotografie, fare una gita…

- **FUNZIONI**
  fare una proposta, rifiutare una proposta, parlare del proprio tempo libero…

- **ESPRESSIONI**
  non voglio perdere tempo, faccio una passeggiata, vado a bere qualcosa, uso i social…

Più scrivo 1 più parlo

SCRIVIAMO

1 Osserva le immagini, abbina le attività e rispondi alle due domande.

cucinare – fare un'attività fisica – ascoltare la musica – scattare fotografie – andare a pesca – suonare uno strumento – fare giardinaggio – usare i social – giocare a carte

1. _leggere un libro_   2. _____   3. _____   4. _____

5. _____   6. _____   7. _____   8. _fare una passeggiata_

9. _____   10. _dipingere un quadro_   11. _____   12. _____

1. Quali di queste attività fai nel tempo libero?
   _____
   _____

2. Quali di queste attività non fai mai nel tempo libero?
   _____
   _____

TEMPO LIBERO

2a Un ragazzo in un forum chiede consigli su come può passare il tempo libero. Leggi le diverse opinioni.

Da **alcuni** giorni mi trovo a Napoli per frequentare l'università e non conosco molte persone. Come immaginate, tra lezioni e studio non mi resta molto tempo libero. Ma non voglio perdere quelle poche ore di relax che mi restano. Non mi piace restare a casa e neanche andare al cinema o a teatro da solo. Potete darmi **qualche** consiglio? Che cosa posso fare, secondo voi, per non annoiarmi? *Giulio*

Caro Giulio, sei fortunato. Napoli è una città bellissima e puoi fare tante cose. Quando hai tempo libero, puoi visitare il Museo di Capodimonte dove ci sono molte opere d'arte famose in tutto il mondo, oppure frequentare un corso di tango se vuoi conoscere altre persone. *Franco*

Ciao, Giulio! Io sono di Napoli e, se ti piace la pizza e ami il calcio, non ci sono problemi. Ogni sera i miei amici ed io guardiamo le partite in streaming e mangiamo la pizza. Quando vuoi, contattami! *Gennaro*

Sono una ragazza spagnola e anche io vado all'università. Tutto il giorno studio in biblioteca e la sera resto a casa, perché non ho molti amici. Neanche a me piace andare da sola al cinema o a teatro. Mi piace, invece, la buona compagnia. Se qualche volta sei libero, possiamo andare per un aperitivo al bar Gambrinus per conoscerci. Non è una bella idea? A presto! *Mary*

Siamo un gruppo di amici siciliani che amiamo suonare. Se sai cantare o suoni uno strumento, puoi entrare nella nostra compagnia. Ci incontriamo due volte alla settimana, il sabato e la domenica, e suoniamo in un locale dove i giovani ascoltano musica e bevono un drink. *L'Allegra compagnia*

Rispondi alle domande.

1. Chi è Giulio?
2. In quale città si trova?
3. Perché non ha molti amici?
4. A Giulio che cosa non piace fare nel tempo libero?
5. Che cosa vuole sapere?
6. Dove scrive?

2b Completa la griglia con le seguenti informazioni sulle persone che rispondono a Giulio.

	nome	di dove è/sono	consiglio/consigli

3 Leggi di nuovo i commenti di Mary sul forum e osserva le forme evidenziate in blu. Poi completa le frasi usando la parola corretta: anche, neanche e invece.

1. A: Il mio passatempo preferito è dormire.
   B: _____ a me piace dormire.

2. A: Io non faccio mai colazione a casa.
   B: _____ io. Preferisco fare colazione al bar.

3. A: Quando ho tempo libero, preferisco uscire.
   B: _____ io preferisco andare fuori con gli amici.

4. A: Io amo andare in palestra dopo il lavoro.
   B: Io, _____, no. Sono stanca e voglio riposarmi.

5. A: A me non piace leggere un libro prima di dormire.
   B: _____ a me. Preferisco ascoltare la musica.

6. A: Mi piace andare al cinema da sola.
   B: A me, _____, no. Mi piace guardare film in compagnia.

TEMPO LIBERO

4 **Correggi i luoghi, se necessario.**
(Attenzione alle preposizioni e agli articoli!)

1. Se desidero ballare, vado in un supermercato.
   Giusto ☐   Sbagliato ☐   correzione: _____

2. Se hai voglia di nuotare, vai in un locale.
   Giusto ☐   Sbagliato ☐   correzione: _____

3. Se vogliamo fare una passeggiata, andiamo al cinema.
   Giusto ☐   Sbagliato ☐   correzione: _____

4. Se volete mangiare la pizza, dovete andare in una palestra.
   Giusto ☐   Sbagliato ☐   correzione: _____

5. Se preferisci dormire, puoi andare in una pizzeria.
   Giusto ☐   Sbagliato ☐   correzione: _____

6. Se ho voglia di ascoltare la musica, vado a un concerto.
   Giusto ☐   Sbagliato ☐   correzione: _____

7. Se desideriamo prendere un aperitivo, possiamo andare al museo.
   Giusto ☐   Sbagliato ☐   correzione: _____

8. Se vogliono fare spese, vanno in un centro commerciale.
   Giusto ☐   Sbagliato ☐   correzione: _____

5 **Abbina verbo a nome.**

1. Fare una ☐
2. Scattare ☐
3. Dipingere un ☐
4. Vedere un ☐
5. Leggere un ☐
6. Ascoltare la ☐
7. Guardare la ☐
8. Frequentare un ☐
9. Usare i ☐
10. Suonare uno ☐

a. strumento
b. passeggiata
c. tv
d. fotografie
e. musica
f. quadro
g. libro
h. social
i. corso
l. film

Più scrivo 1 più parlo

6 Qual è la preposizione corretta che unisce il verbo andare con il luogo?

1. _____ cinema
2. _____ bar
3. _____ teatro
4. _____ palestra
5. _____ un centro commerciale
6. _____ gita
7. _____ una pizzeria
8. _____ letto
9. _____ mare
10. _____ piscina
11. _____ casa
12. _____ un locale

7 Metti in ordine le parole e la punteggiatura per formare le frasi.

1. cosa / Che / posso / annoiarmi / ? / per / non / fare
   _____

2. non / voglia / casa / di / , / Se / puoi / . / uscire / restare / a / hai
   _____

3. a / me / Neanche / piace / collezione / fare / oggetti / . / di / antichi
   _____

4. Giorgio / fanno / Mario / ? / gite / in / e / montagna / spesso
   _____

5. ho / molto / e / Non / . / tempo / Studio / libero
   _____

6. ritorno / , / di / Quando / a / finisco / casa / di / lavorare / . /
   _____

8 Completa le seguenti parole con le lettere mancanti e sottolinea le parole con doppia consonante.

1. a__tiv__tà
2. b__nes__ere
3. pa__sa__emp__
4. d__ver__ir__i
5. giar__ina__gi__
6. a__no__ars__
7. ripo__a__si
8. stru__en__o
9. cu__in__re
10. col__ezi__ne

66

TANTI AUGURI!

9 Leggi di nuovo quello che scrive Giulio sul forum al punto 2a e osserva le forme evidenziate in blu. Poi completa le frasi usando la forma corretta: qualche o alcuni/-e.

1. Quando ho tempo libero spesso gioco a carte con _____ amici.
2. Mi puoi dare _____ consiglio?
3. Nel fine settimana _____ volte resto a casa.
4. D'estate di solito vado in vacanza al mare per _____ giorni.
5. Nel tempo libero dipingo _____ quadro.
6. Hai _____ idea per stasera?

> ! Ricorda che "qualche" si usa solo al singolare!
> **Es.:** *qualche amico / amica*

Ora tocca a te!

Rispondi a Giulio sul forum e:

a. scrivi come ti chiami e di dove sei
b. come passi il tuo tempo libero
c. che cosa può fare, secondo te, per passare il tempo a Napoli
d. dove può conoscere altre persone
e. saluta

PER PARLARE

1 In coppia: completate lo schema con le attività del tempo libero che è possibile fare dentro e fuori casa.

TEMPO LIBERO

Cultura	Divertimento	Benessere fisico	Passatempo
_____	_____	_____	_____
_____	_____	_____	_____
_____	_____	_____	_____

Più scrivo più parlo 1

PARLIAMO

2 Rispondete alle seguenti domande.

- Descrivete la foto. (Dove si trova la ragazza? Quanti anni ha, secondo voi? Che cosa fa?)
- Questo passatempo è tipico dei giovani di oggi? Perché?

3 In coppia: a turno leggete le domande e rispondete.

1. Quando hai di solito tempo libero?
2. Nel tempo libero preferisci restare a casa o uscire?
3. Quando resti a casa, che cosa fai nel tempo libero?
4. Qual è il passatempo che, secondo te, è più divertente?
5. Quale, invece, secondo te, è più noioso?

4 Situazione:
È sabato pomeriggio e un/una tuo/a amico/a ti telefona e ti dice…
In coppia con un/una compagno/a, seguite le indicazioni e interpretate il dialogo.

Studente A	Studente B
Lo/la inviti a casa tua.	Accetti.
Vuoi vedere un film con lui/lei.	Non sei d'accordo. Proponi di uscire.
Chiedi dove vuole andare.	Proponi di andare in un ristorante italiano.
Non sei d'accordo. Proponi di andare in un locale.	Chiedi il nome del locale.
Dai informazioni sul locale.	Accetti.

ESPRESSIONI UTILI

- Benessere
- Divertente
- Noioso
- Il fine settimana
- Proporre
- Fare una proposta

TI PRESENTO I MIEI AMICI E LA MIA FAMIGLIA

8 livello A1

SCRIVIAMO
Descrivere una persona

PARLIAMO
Parlare di un amico o di una persona della propria famiglia

- **LESSICO**
  bello, anziano, robusto, il volto, i capelli, gli occhi, simpatico, chiacchierone, pigro, chiuso…

- **FUNZIONI**
  descrivere l'aspetto fisico e il carattere di una persona, parlare di un amico o di un familiare…

- **ESPRESSIONI**
  ha un fisico atletico, è un uomo / una donna di colore, ha un bel sorriso, porta gli occhiali, è calvo…

Più scrivo 1 più parlo

1 Guarda le immagini e abbina gli aggettivi che sono contrari.

snello   basso   grasso   alto   giovane

triste   magro   anziano   robusto   allegro

⟵⟶	
alto	_____
grasso	_____
anziano	_____
triste	_____
snello	_____

2a Dividetevi in due gruppi e completate gli aggettivi al maschile. Vince il gruppo che non fa errori.

I gruppo

1. intelligent___, antipatic___, allegr___, trist___, divertent___, apert___,
2. sincer___, dinamic___, sensibil___, gentil___, piccol___, timid___

II gruppo

1. seri___, chiacchieron___, romantic___, pigr___, interessant___, robust___
2. vivac___, brav___, bell___, giovan___, muscolos___, chius___

TI PRESENTO I MIEI AMICI E LA MIA FAMIGLIA

2b Scrivi ognuno degli aggettivi precedenti nel suo riquadro.

Aggettivi in – o	Aggettivi in – e

3 Sottolinea l'aggettivo corretto.

1. Marina è una ragazza (simpatico – simpatica) e (intelligente – intelligenta).
2. Il ragazzo di Stella è sempre (allegre – allegro) e (divertento – divertente).
3. Viola è una bambina (vivacia – vivace).
4. Martina ha il viso (ovalo – ovale) e i capelli (lungi – lunghi).
5. La mamma di Franca è molto (sensibile – sensibila) e (gentile – gentila).
6. Il nonno di Serena è (calvo – calva) e (dinamice – dinamico).
7. Carlo non è (bello – bella), ma (interessante – interessanto).

4a Metti in ordine le frasi, poi aggiungi la virgola prima del "ma" e il punto alla fine di ogni frase.

1. è / fratello / dinamico / ma / Mio / non / pigro

   _____

2. sorella / antipatica / è / simpatica / ma / non / Mia

   _____

3. grasso / non / ma / amico / Il / magro / mio / è

   _____

4. alta / non / Io / ma / sono / bassa

   _____

5. non / chiacchierona / sei / silenziosa / Tu / ma

   _____

6. ma / anziano / non / Mio / giovane / è / padre

   _____

7. un / aperto / ragazzo / ma / Alberto / è / chiuso / non

   _____

8. viso / signora / ovale / La / non / il / rotondo / ma / ha

   _____

4b Riscrivi ogni aggettivo dell'attività 4a con il suo contrario.

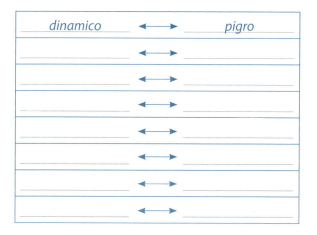

5a Leggi la descrizione e completa con le parole corrette.

occhi – ricci – Ama – italiano – sorriso – famiglia – lavora

Il mio amico si chiama Stefano. Lui è _____ (1) e abita a Firenze con la sua _____ (2). Ha venti anni. Non _____ (3), ma studia medicina all'Università. È un ragazzo alto e magro. Ha il viso ovale, gli _____ (4) azzurri, capelli corti, neri e _____ (5). È simpatico, allegro e intelligente. Ha un bel _____ (6). _____ (7) la musica e detesta la Tv.

TI PRESENTO I MIEI AMICI E LA MIA FAMIGLIA   8

5b Trascrivi il testo precedente al femminile.

La mia amica si chiama Stefania...

_____
_____
_____
_____
_____

6 Abbina le attività ai disegni e poi scrivi in due liste cosa ami e cosa detesti.

andare al cinema
ascoltare la musica
andare a teatro
fare shopping
leggere un libro

viaggiare
mangiare la pizza
guardare la tv
giocare a scacchi
fare una passeggiata

1.  _____ 2.  _____ 3.  _____ 4.  _____ 5. _____

6.  _____ 7.  _____ 8.  _____ 9.  _____ 10. _____

Amo _____
_____

Detesto _____
_____

73

7 Completa le frasi con il possessivo adatto, secondo l'esempio.

La figlia di (io) mio padre è mia sorella.

1. Il figlio di (tu) _____ madre è _____ fratello.
2. Il fratello di (lui) _____ padre è _____ zio.
3. La sorella di (noi) _____ madre è _____ zia.
4. Il padre di (voi) _____ padre è _____ nonno.
5. La madre di (io) _____ madre è _____ nonna e io sono (di lei) _____ nipote.
6. Il papà di (tu) _____ marito è _____ suocero.
7. La mamma di (lui) _____ marito è _____ suocera.
8. Il figlio di (voi) _____ zio è _____ cugino.
9. La figlia di (lei) _____ zia è _____ cugina.

8 Trova il femminile dei seguenti nomi di famiglia.

1. padre - _____
2. fratello - _____
3. nonno - _____
4. figlio - _____
5. marito - _____
6. zio - _____
7. cugino - _____
8. (il) nipote - _____
9. suocero - _____

9 Completa gli spazi con il possessivo corretto (attenzione all'articolo!)

1.
A: Chi è questa bella signora?
B: È Francesca, la sorella di _____ madre.

2.
A: Sei sposata?
B: Sì, e _____ marito si chiama Roberto.

3.
A: Signori Rossi, avete figli?
B: Sì, abbiamo due figli. _____ figli sono molto intelligenti.

4.
A: I tuoi amici hanno nipoti?
B: Sì, hanno due nipoti. _____ nipoti sono molto piccoli.

> **!** Ricorda che con i possessivi non mettiamo gli articoli davanti ai nomi di parentela al singolare. Diciamo **mio padre**, ma **i miei fratelli**. Un'eccezione è l'aggettivo **loro** che prende sempre l'articolo.

TI PRESENTO I MIEI AMICI E LA MIA FAMIGLIA

5.
A: Loro chi sono?
B: Sono _____ due cugini chiacchieroni.

6.
A: Dov'è Paolo? Non è con voi?
B: No, lui è con _____ fratelli.

7.
A: Secondo te, che lavoro fanno i nostri genitori?
B: Secondo me, _____ genitori non lavorano. Sono pensionati.

10 Descrivi Claudia (età, lavoro, aspetto) e i suoi genitori.
Inizia così:

Claudia ha…
Il signore della foto è il… di Claudia. Lui…
La signora della foto è la… di Claudia. Lei…

Mi chiamo **Roberto**. Sono di Roma. Ho 55 anni e sono medico. Ho i capelli lisci e bianchi e gli occhi scuri. Ho la barba.

Mi chiamo **Francesca**. Sono italiana di Palermo. Ho 41 anni. Ho i capelli corti e biondi e gli occhi chiari. Non sono alta, ma sono snella. Porto gli occhiali.

Io sono **Claudia**. Ho diciassette anni e vado a scuola. Ho i capelli biondi e gli occhi verdi. Sono paffutella, ma non grassa. Amo la mia famiglia e ho molti amici simpatici. Non ho fratelli, ma ho un gatto.

Ora tocca a te!

Presenta due persone della tua famiglia e descrivi il loro aspetto, il loro carattere, che cosa amano e che cosa detestano fare.

PER PARLARE

1 Mettete in ordine le parole per avere una frase.

1. è / mia / quattro / da / La / famiglia / persone / composta
2. simpatici / genitori / I / sono / allegri / e / miei
3. studia / non / Mia / lavora, / ma / sorella
4. con / d'accordo / fratello / Vado / mio
5. sempre / io / Mio / insieme / e / fratello / usciamo
6. a / somiglio / più / mio / lo / di / nonno
7. allegro / Sono / ma / alto / timido / e / magro, / sono
8. televisione / andare / e / Detesto / la / supermercato / al / guardare
9. è / amo / particolare / divertente / perché / In / nonno / mio

2 Descrivete l'immagine.

- Secondo voi, chi sono queste persone?
- Potete descrivere la persona con gli occhiali?

3 In coppia: a turno leggete le domande e rispondete.

1. Da quante persone è composta la tua famiglia?
2. Descrivi i tuoi genitori.
3. Tu somigli di più a tuo padre o a tua madre?
4. Sei figlio unico o hai dei fratelli?

(Se sì: Come si chiamano? Quanti anni hanno? Che cosa fate insieme?)

5. Vai d'accordo con tutte le persone della tua famiglia? Con chi in particolare? Perché?
6. Sei legato / legata ai tuoi nonni?

4 Parlate del vostro amico o della vostra amica del cuore.

Come si chiama, quanti anni ha, che cosa fa, che carattere ha, che cosa fate insieme, ecc.

ESPRESSIONI UTILI

- La mia famiglia è composta da…
- Sono figlio/figlia unico/unica
- Insieme (a)
- Somiglio di più a mio/mia…
- Vado d'accordo con mio/mia…
- In particolare
- Sono legato/legata a mio/mia…
- Amico/amica del cuore

Più scrivo 1 più parlo

9 livello A1

TU CHE PRENDI?

 SCRIVIAMO

Scrivere un testo sulle abitudini degli italiani a tavola

 **PARLIAMO**

Interagire in un bar o in un ristorante

○ **LESSICO**

trattoria, pizzeria, cornetto, affettati, uova, antipasto, contorno, tazza, tovaglia, cucchiaio…

○ **FUNZIONI**

descrivere le abitudini alimentari, ordinare, chiedere qualcosa…

○ **ESPRESSIONI**

faccio colazione, prendo sempre… , per me il pasto più importante è… , mangio di tutto, Mi passi il sale?…

① In questo parolone ci sono i locali dove in Italia possiamo mangiare. Puoi trovarli dividendo le parole.

PANINOTECARISTORANTEFASTFOODTRATTORIABARPIZZERIAMENSA

1. _____
2. _____
3. _____
4. _____
5. _____
6. _____
7. _____

② Osserva le immagini. Scrivi negli spazi che cosa mangi e bevi a colazione.

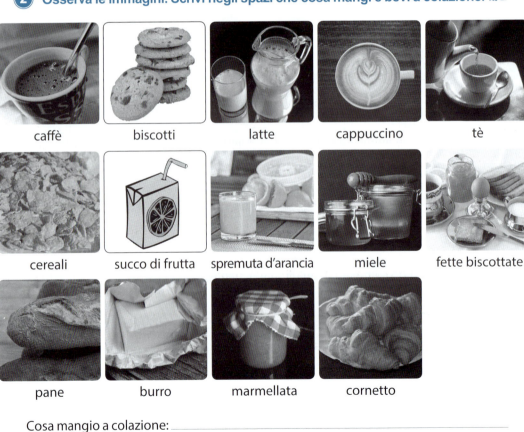

caffè — biscotti — latte — cappuccino — tè
cereali — succo di frutta — spremuta d'arancia — miele — fette biscottate
pane — burro — marmellata — cornetto

Cosa mangio a colazione: _____

Cosa bevo a colazione: _____

TU CHE PRENDI? 9

3 Indica con una X quali prodotti della seguente lista conosci.

- ☐ l'acqua
- ☐ il pesce
- ☐ la carne
- ☐ la pasta
- ☐ il riso
- ☐ il vino

- ☐ la birra
- ☐ il formaggio
- ☐ i salumi
- ☐ la verdura
- ☐ la frutta
- ☐ il dolce

- ☐ il caffè
- ☐ il gelato
- ☐ il cioccolato
- ☐ lo yogurt
- ☐ il pomodoro
- ☐ il basilico

l'uovo (le uova)   il basilico   il pomodoro (i pomodori)

4 Tre italiani in un forum presentano qual è per loro il pasto preferito. Leggi i testi e abbina le frasi alla persona A, B, C che scrive.

A. Lorenzo	B. Donatella	C. Francesca
Per me il pasto più importante della giornata è la colazione. Di solito faccio una ricca colazione alle 7.30 e mangio fette biscottate con burro e miele e bevo un cappuccino. Qualche volta vado al bar e mangio un cornetto con la crema e bevo un succo di frutta o un caffè. Così sono pronto a iniziare la mia giornata!	Lavoro e non ho tempo per ritornare a casa per pranzo. Ma la domenica pranzo a casa o in un ristorante e mangio di tutto: un antipasto (a base di pesce, di salumi, di verdure, di formaggi, ecc.), un primo piatto (a base di pasta), un secondo (a base di carne o pesce) con un contorno di verdure o patate. Per finire frutta, dolce o gelato. Naturalmente prendo sempre un caffè per digerire.	Al lavoro, per pranzo, mangio qualcosa di veloce, un panino o una pizzetta, un tramezzino, delle merendine, dei crackers o delle barrette ai cereali. La sera ho fame e preparo una cena abbondante con un primo (a base di riso o una zuppa), un secondo con un formaggio fresco e un contorno. Per me la cena finisce sempre con un dolce. Prima di dormire, mangio spesso una banana o una mela, ma non bevo mai il caffè. Qualche volta bevo un bicchiere di vino.

                          A   B   C

1. Fa colazione. ☐ ☐ ☐
2. Mangia la frutta prima di dormire. ☐ ☐ ☐
3. Non ritorna a casa per pranzo. ☐ ☐ ☐
4. Dopo cena non beve mai un caffè. ☐ ☐ ☐
5. Beve il cappuccino. ☐ ☐ ☐
6. La domenica a pranzo mangia di tutto. ☐ ☐ ☐

Più scrivo più parlo ①

SCRIVIAMO

5 In coppia: Donatella dice che la domenica a pranzo mangia di tutto. Immaginate di scrivere il menù del "Ristorante della Casa". Dovete scrivere i cibi del riquadro nelle categorie indicate.

> affettati e formaggi misti, tiramisù, penne all'arrabbiata, patate fritte, arrosto, gnocchi alla sorrentina, bistecca ai ferri, risotto ai funghi, grigliata di pesce, pollo allo spiedo, prosciutto e melone, polpette al sugo, carbonara, insalata mista, macedonia di frutta, linguine al pesto, zuppa di fagioli, verdure grigliate, gelato alla vaniglia, tortellini in brodo, torta al cioccolato, bruschetta al pomodoro, torta salata, spaghetti pomodoro e basilico

TU CHE PRENDI?

6 Giochiamo. Dividetevi in due gruppi per trovare due famosi modi di dire in italiano. Vince il gruppo che finisce per primo e trova la parola corretta.

Primo gruppo
Trovate che cosa "vien mangiando". Usate le lettere che servono per completare le seguenti parole e che indicano tipi di pasta.

1. farf__lle
2. s__aghetti
3. __enne
4. tagliat__lle

5. tor__ellini
6. fus__lli
7. riga__oni
8. ravi__li

"L'_ _ _ _ _ _ _ _ VIEN MANGIANDO!"

Secondo gruppo
Quando non ho mangiato a pranzo, la sera a cena "ho una fame da...". Abbina ogni descrizione al tipo di caffè e lo saprai. La parola si forma con le lettere che abbini a 1 (lettera 1), a 2 (lettera 5), a 3 (lettera 3), a 4 lettera (2).

1. Caffè leggero perché c'è più acqua.
2. Non si beve mai dopo pranzo, ma solo a colazione.
3. Caffè "veloce" con poca acqua.
4. Caffè con grappa.

a. ☐ corretto
b. ☐ espresso
c. ☐ lungo
d. ☐ cappuccino

"HO UNA FAME DA _ _ _ _ !"

7 Osserva i disegni e <u>sottolinea</u> il nome corretto.

1. bicchiere/ bottiglia

2. coltello / cucchiaio

3. tovaglia / tovagliolo

4. piatto / vassoio

5. tazza / tazzina

Più scrivo 1 più parlo

SCRIVIAMO

8 Completa le frasi con la coppia di aggettivi corretti per ogni prodotto. Dopo indica quale prodotto sostituisce il pronome diretto in blu, come nell'esempio.

> liscia o gassata – caldi o freddi – crudo o cotto – dolce o salata – medie o piccole – ~~amaro o dolce~~ – dolci o piccanti – arrosto o fritte

1
A: Mi fai un caffè?
B: Sì, certo. Lo vuoi *amaro o dolce*?

Lo = caffè

2
A: Mi passi l'acqua?
B: Con piacere. La preferisci _____?

3
A: Per favore, amore, puoi comprare il prosciutto?
B: Volentieri. Lo devo prendere _____?

4
A: Senti, perché non mi prepari una torta?
B: Ma certamente! Come la preferisci _____?

5
A: Per favore, vorrei due tè, uno per me e uno per la signora.
B: Subito! Come li preferite? _____?

6
A: Preferite i formaggi _____?
B: Li preferiamo piccanti.

7
A: Mamma, stasera a cena mi fai le patatine?
B: Sì, tesoro mio, come le vuoi? _____?

8
A: Senta, per favore, mi può portare due birre?
B: Come le preferisce? _____?

Ora tocca a te!

Partecipi anche tu al forum e scrivi brevemente che cosa mangi di solito a colazione, a pranzo e a cena.

TU CHE PRENDI?

PER PARLARE

1) Abbinate domanda e risposta.

1. Posso ordinare?
2. Che cosa preferisce per antipasto?
3. Che cosa desidera per primo?
4. Per secondo?
5. Vuole un contorno?
6. Per finire desidera frutta di stagione o un dolce?
7. Da bere?

---

a. Prenderei del pesce alla griglia.
b. Sì, certo. Prego.
c. Niente antipasto. Vorrei solo un primo piatto e un secondo.
d. Spaghetti pomodori e basilico.
e. Una birra piccola. Mi può portare anche una bottiglia di acqua minerale naturale?
f. Un po' d'insalata mista.
g. Preferirei un dolce e, per finire, un espresso.

2) Descrivete la foto.

(Quante persone ci sono? Chi sono? Dove sono e che fanno?)

3) Rispondete alle domande.

- Tu sei bravo/a a cucinare? Qual è la tua specialità?
- Ti piace mangiare fuori casa? Dove e perché?
- Qual è il tuo pranzo ideale?
- Ti piace la cucina italiana? Che piatto ti piace?

Più scrivo 1 più parlo

PARLIAMO

4) Situazione

a. Tu e il/la tuo/tua amico/amica volete cenare. Lui/lei vuole andare in un ristorante italiano per mangiare la carbonara e bere vino italiano. Tu non sei d'accordo perché non hai molti soldi, il ristorante è caro e non ti piace la carbonara. Fai un'altra proposta.

b. In coppia: a turno interpretate il cliente e il cameriere di un ristorante. (Potete usare le domande e le risposte del precedente dialogo e il menù dell'attività 5).

ESPRESSIONI UTILI

- Posso ordinare?
- Mi passi / passa l'acqua?
- Mi puoi / può portare…?
- Per primo vorrei / prenderei…
- Da bere preferisco una birra
- Preferisce il vino o l'acqua?
- I pasti della giornata (colazione, pranzo, cena)
- Il mio piatto preferito
- La mia specialità

CENTO DI QUESTI GIORNI!

10 livello A1

SCRIVIAMO
Raccontare su un blog una festa di compleanno

PARLIAMO
Parlare di un compleanno

- **LESSICO**
  invito, compleanno, torta, candeline, brindare, regalare, ridere, ballare…

- **FUNZIONI**
  organizzare una festa di compleanno, fare/ricevere gli auguri, raccontare di una festa…

- **ESPRESSIONI**
  fare preparativi, portare/ricevere un regalo, fare gli auguri, spegnere le candeline, apparecchiare la tavola…

Più scrivo  più parlo

1 Abbina immagini e oggetti.

> i regali – le bevande – il festone – i tramezzini e le pizzette –
> i palloncini – la torta – lo spumante – le candeline

1. _____ 2. _____ 3. _____ 4. _____

5. _____ 6. _____ 7. _____ 8. _____

2a Dal blog delle feste.
Ecco a te una guida per insegnarti a organizzare una bella festa di compleanno in 8 punti, senza spendere troppo.

- Invitare gli amici.
- Scegliere uno spazio adatto.
- Decorare lo spazio con festoni e palloncini.
- Scegliere la musica.
- Apparecchiare la tavola.
- Preparare cibi e bevande. Non dimenticare la torta con le candeline e lo spumante!
- Spegnere le candeline sulla torta e scattare le foto con tutti gli invitati.
- E, infine, per ringraziare gli invitati, comprare un piccolissimo regalo.

TU CHE PRENDI? — 10

2b Collega le parole delle due colonne.

1. Decorare gli
2. Apparecchiare la
3. Spegnere le
4. Brindare con lo
5. Preparare la
6. Comprare i
7. Invitare gli
8. Festeggiare il
9. Fare gli
10. Scattare le

a. auguri
b. compleanno
c. amici
d. tavola
e. fotografie
f. regali
g. candeline
h. torta
i. spazi
l. spumante

3a Camilla sul suo blog ha raccontato la sua festa di compleanno. Metti in ordine le frasi per sapere che cosa ha fatto per festeggiarlo.

Cari amici,
a. Ieri, 28 maggio, ho festeggiato il mio compleanno.
b. Dopo, fino a mezzogiorno, ho telefonato ai miei amici per invitarli alla mia festa.
c. Quando sono tornata a casa dal supermercato, ho messo in frigorifero le bottiglie di vino, le bevande e le bibite e ho apparecchiato la tavola.
d. La mattina sono uscita molto presto e sono andata prima dal parrucchiere e poi al supermercato.
e. La sera alle 9 in punto sono venuti da me i miei amici che mi hanno portato tanti regali: libri, profumi…
f. Nel pomeriggio mia madre ha preparato una bella torta al cioccolato.
g. Alla fine ho spento le candeline sulla torta.
h. A mezzanotte circa è arrivato Martino, il ragazzo dei miei sogni.
i. Abbiamo mangiato, cantato, ballato, brindato e scattato molte foto con il cellulare.
l. Tutti mi hanno augurato "Cento di questi giorni" e Martino mi ha dato un bacio. Che felicità!

1. ____ 2. ____ 3. ____ 4. ____ 5. ____
6. ____ 7. ____ 8. ____ 9. ____ 10. ____

3b <u>Sottolinea</u> tutte le forme del verbo al Passato prossimo che trovi nel testo dell'attività 3a. Poi riscrivile in ordine nello spazio in basso con l'infinito del verbo, secondo l'esempio.

Passato prossimo	Infinito
ho festeggiato	*festeggiare*

3c Dividi le forme del Passato prossimo in due gruppi.

Passato prossimo

verbi con ausiliare *essere*	verbi con ausiliare *avere*

TU CHE PRENDI?

4 Racconta queste storie al passato in tre frasi, con le parole date.

1
a. La settimana passata - Beatrice - andare - centro commerciale - taxi.
b. Lì - comprare - regalino - Martina - il suo compleanno.
c. Poi - tornare a casa.
d. Alla fine - incontrare - amici - palestra.

2
a. Ieri - per prima cosa - Luca - uscire - 17.
b. Dopo - prendere - autobus - fermata.
c. Poi - scendere - autobus.
d. Alla fine - andare - piedi - casa - Irene.

3
a. Martedì mattina - io - andare - prima - palestra.
b. Più tardi - fare spesa - supermercato.
c. Il pomeriggio - prendere - aperitivo - Giulia.
d. La sera - festeggiare - il mio onomastico - famiglia.
e. Infine - andare - letto.

Più scrivo 1 più parlo

SCRIVIAMO

5 Trova i participi che sono nel cruciverba (8 in orizzontale e 7 in verticale). Con le lettere che restano si formano due parole. Quali?

U		T	P	A	R	L	A	T	O		I
S	A	V	E	N	U	T	O			N	N
C	S			D	T			C		T	V
I	T	I	M	A	N	G	I	A	T	O	I
T	A	V	U	T	O		A	P		R	T
O	T		U	O		G		I		N	A
U	O			S	C	E	L	T	O	A	T
		R	I	M	A	S	T	O	R	T	O
R	I	S	O		B	E	V	U	T	O	I

Ora tocca a te!

Scrivi sul blog di Camilla e racconta brevemente come hai festeggiato il tuo compleanno.

10 TU CHE PRENDI?

PER PARLARE

1 Completate la griglia.

Nome	Verbo
1. festa	festeggiare
2. _____	invitare
3. _____	baciare
4. regalo	_____
5. preparativo	_____
6. _____	fotografare
7. brindisi	_____
8. augurio	_____

2 Descrivete la foto.

- Quante persone ci sono? Chi sono?
- Secondo voi, che cosa festeggiano queste persone?
- Che cosa fanno?
- Quanti anni compie la ragazza?
- Quante candeline ci sono sulla torta? Perché?
- Come ha decorato la sua casa la ragazza?
- I giovani brindano alla salute della festeggiata con lo spumante o con un'altra bevanda?

Più scrivo 1 più parlo

PARLIAMO

(3) Raccontate che cosa avete fatto quella volta che siete andati a una festa di compleanno di un amico.

(4) Situazione

Festeggi il tuo compleanno. Vuoi preparare una festa indimenticabile e fare una piccola sorpresa ai tuoi ospiti e chiedi consiglio ad un amico. Il tuo amico ti dà molte idee (organizzare una festa a tema, comprare un regalino alla fine della festa, chiamare un fotografo per scattare foto, chiamare un musicista per ballare con la musica dal vivo, ecc.). Alla fine scegli la sorpresa ideale.

ESPRESSIONI UTILI

- Compiere gli anni
- Brindare alla salute del/della festeggiato/-a
- Avere successo
- Festa indimenticabile

- Fare una sorpresa
- Gli ospiti
- Festa a tema
- Musica dal vivo

FACCIAMO SHOPPING?

11 livello A2

SCRIVIAMO
Partecipare a un forum sullo shopping

PARLIAMO
Parlare di moda

LESSICO

acquisto, saldi, sacchetto, scarpe, accessori, sconto, caro, economico, comodo, difettoso, provare, risparmiare…

FUNZIONI

esprimere un'opinione sullo shopping online, descrivere capi di abbigliamento…

ESPRESSIONI

fare shopping, andare in un centro commerciale, fare acquisti online, guardare le vetrine, fare una confezione regalo, provare un abito, pagare con la carta di credito…

Più scrivo più parlo 1

SCRIVIAMO

1 Abbina ogni prodotto al negozio.

1. libro — h
2. fogli di carta
3. dolci
4. gelato
5. gioiello
6. profumo
7. pane
8. salumi e formaggi
9. carne

a. gelateria
b. profumeria
c. cartoleria
d. panetteria
e. pasticceria
f. salumeria
g. gioielleria
h. libreria
i. macelleria

Attenzione!
- in + negozio
- da (+ articolo) + negoziante

2 <u>Sottolinea</u> da chi devi andare se…

1. Se ho bisogno di comprare dei fiori devo andare *dal fioraio / dal farmacista*.
2. Se ho bisogno di comprare frutta e verdura devo andare *dal parrucchiere / dal fruttivendolo*.
3. Se ho bisogno di riparare delle scarpe devo andare *dal panettiere / dal calzolaio*.
4. Se ho bisogno di acquistare un libro devo andare *dal gioielliere / dal libraio*.
5. Se ho bisogno di riparare la macchina devo andare *dal salumiere / dal meccanico*.
6. Se ho bisogno di acquistare medicine devo andare *dal farmacista / dall'ottico*.

3a Leggi che cosa scrive Mariasole su un forum, chiedendo un parere sullo shopping online, e che cosa rispondono alcune persone.

Mariasole
Non ho tempo per andare in giro per i negozi a fare shopping. Vorrei avere, perciò, un vostro parere sullo shopping in rete. Voi avete mai comprato online? Grazie.

Giovanni
Io faccio spesso acquisti online. Compro libri, abiti, scarpe con il mio tablet mentre sto seduto sul divano. Così non devo correre per i negozi e gli acquisti mi arrivano direttamente a casa. Ciao.

FACCIAMO SHOPPING?

Cristina
Cara Mariasole, secondo me, è poco sicuro. È pericoloso fare acquisti con la carta di credito. Poi in internet vedi un prodotto che ti sembra perfetto, ma, quando arriva a casa, spesso quel prodotto è difettoso o non ti piace.

Federico
Acquistare online è comodo soprattutto quando vogliamo comprare qualcosa che non è facile trovare in un negozio o che si vende all'estero. Inoltre, qualche volta possiamo risparmiare perché nei negozi spendiamo di più.

Rossella
Io preferisco andare in giro per i negozi e guardare le vetrine. È così divertente fare shopping con le amiche! Inoltre, posso vedere e toccare quello che acquisto. Se compro dei vestiti, o un paio di scarpe, li devo prima provare!

 3b Segna con una X le persone che hanno detto le seguenti frasi.

	Giovanni	Cristina	Federico	Rossella
1. Mi piace fare shopping con le amiche.				
2. È pericoloso acquistare online con la carta di credito.				
3. Spesso faccio acquisti seduto sul divano.				
4. I prodotti comprati online possono avere dei difetti.				
5. Voglio provare i capi d'abbigliamento.				
6. Se compriamo online risparmiamo.				
7. I prodotti arrivano a casa.				

4 Completa i dialoghi con i pronomi diretti dati.

> la (2) – ci – mi – lo – La (2) – vi (2) – ne – li – le – ti

1
Marco: Allora andiamo al centro commerciale?
Serena: Certo! Con piacere!
Marco: Prendi tu la lista dei regali?
Serena: Sì, _____ prendo subito.

2
Filippo: Stefania, _____ senti?
Stefania: Sì, _____ sento bene!

3
Vittorio: Conosci lo scrittore Paolo Giordano?
Serena: No, non _____ conosco.

Pronomi diretti
mi
ti
lo/la/La
ci
vi
li/le
ne

4
Dottor Rossi: Signora, _____ posso accompagnare a casa con la macchina?
Signora Valente: Ora no, ho un altro appuntamento. _____ ringrazio.

5
Mamma: Ragazzi, stasera _____ preparo la pizza.
Luca e Nadia: Che bella idea, mamma! _____ vogliamo con pomodoro, mozzarella e basilico.

6
Mariella: Di solito quanti caffè bevi al giorno?
Elina: _____ bevo due, e _____ prendo sempre senza zucchero.

7
Alberto: Papà, Marina ed io ormai siamo grandi. _____ puoi lasciare a casa da soli.
Papà: Non _____ posso ancora lasciare da soli. Avete dieci anni.

8
Marcella: Mamma, invito le zie di Luigi. Va bene?
Mamma: Sì, _____ rivediamo volentieri.

FACCIAMO SHOPPING?

5 Per ogni gruppo di parole (1-2-3...) indica il termine (A-B-C...) che le include tutte, scegliendolo tra i seguenti.

1. sandali – mocassini – stivali ☐
2. camicia – pantalone – maglietta ☐
3. tablet – cellulare – computer ☐
4. rossetto – matita – rimmel ☐
5. anello – collana – orecchini ☐
6. borsa – sciarpa – guanti ☐

A. Capi di abbigliamento
B. Scarpe
C. Accessori
D. Prodotti tecnologici
E. Gioielli
F. Cosmetici

6 Guarda le immagini e completa la descrizione dei capi d'abbigliamento con le parole del riquadro.

a righe – a quadretti – in tinta unita – a pois – a fantasia – con stampa

1. una cravatta di seta

2. una camicia di cotone

3. un foulard firmato

4. pantaloni di lana

5. una maglietta di cotone

6. una gonna

Più scrivo più parlo 1

7 Trova nel crucipuzzle 12 aggettivi per descrivere l'abbigliamento. Con le lettere che restano si forma un altro aggettivo.

E	L	E	G	A	N	T	E	L	S
C	E	L	S	C	U	R	O	U	P
O	G	A	M	O	D	E	R	N	O
N	G	R			S		T	G	R
O	E	G	R	C	O	R	T	O	T
M	R	O	E		T		T		I
I	O		C	H	I	A	R	O	V
C		C	L	A	S	S	I	C	O
O	O		P	E	S	A	N	T	E

___ ___ ___ ___ ___ ___ ___ ___

8 Completa con la preposizione corretta.

1. Vorrei una camicia _____ seta _____ uomo, _____ sera.
2. Quanto costano quei jeans _____ vetrina?
3. Preferisci fare spese online o andare _____ un centro commerciale?
4. Signora, cerca un pantalone _____ tinta unita o _____ fantasia?
5. È divertente andare _____ giro _____ i negozi _____ un'amica.
6. Compro online _____ la carta _____ credito mentre sto seduto _____ divano.

Ora tocca a te!

Partecipi anche tu al forum e rispondi a Mariasole dicendo:

- che preferisci comprare in un negozio solo alcuni prodotti (es. cosmetici, dolci, ecc.) e spieghi perché.
- che acquisti tutti gli altri prodotti online e spieghi perché.

FACCIAMO SHOPPING?

PER PARLARE

1 Associate domande e risposte.

1. Prego, che cosa desidera?
2. Di che colore?
3. C'è a fantasia?
4. Quale modello preferisce?
5. Che taglia porta?
6. Dove la posso provare?
7. Quanto costa?
8. È in saldo?

a. Non tanto scura.
b. La 44.
c. No, mi dispiace. È un capo della nuova collezione.
d. 80 euro.
e. Vorrei una camicetta.
f. Classico.
g. In uno dei camerini, in fondo a destra.
h. Sì, c'è a fantasia e in tinta unita.

2 Descrivete la foto.

- Dove sono le due ragazze della foto? Che cosa fanno?
- Secondo te, chi delle due vuole fare acquisti?
- Che cosa vuole comprare una delle ragazze?
- Per te fa bene a comprare questo prodotto online? Perché?
- Tu hai mai fatto acquisti online? Che cosa hai comprato?
- Sei rimasto soddisfatto/-a dell'acquisto?

Più scrivo 1 più parlo

③ Situazione

Immagina di vedere in vetrina una camicia che ti piace.

Entri nel negozio e dici alla commessa:

- che vuoi vedere la camicia blu in vetrina.
- che taglia hai.
- se puoi provarla.
- quanto costa.
- che la prendi.
- grazie e buona giornata.

La commessa ti risponde:

- che ha la camicia della tua taglia.
  non di colore blu, ma marrone.
- che puoi provarla in camerino.
- che costa 150 euro.
- grazie e arrivederci.

ESPRESSIONI UTILI

- La nuova collezione
- Discutere
- Sorridere
- Portare
- Signore/-a, che taglia porta?
- Provare qualcosa nel camerino
- Signore/-a, che numero di scarpe porta?

- Sandali con il tacco
- Quanto costa?
- Quanto viene?
- È in saldo?
- È possibile uno sconto?
- Costa di più / costa di meno

DOVE SEI ANDATO IN GITA?

livello A2

SCRIVIAMO
Raccontare una gita in una e-mail

PARLIAMO
Parlare di una gita

- **LESSICO**
  natura, albero, paesaggio, prato, fiore, trekking, stupendo, meraviglioso…

- **FUNZIONI**
  raccontare una gita, descrivere una giornata nella natura, descrivere il tempo atmosferico, programmare il fine settimana…

- **ESPRESSIONI**
  fare una gita, fare un picnic, andare in una città d'arte, andare sulla spiaggia, prendere il sole, nuotare, camminare, rilassarsi, divertirsi…

Più scrivo 1
più parlo

1 Associa i luoghi alle immagini.

> al mare – in montagna – in campagna – al lago – in una città d'arte

1. _____   2. _____   3. _____

4. _____   5. _____

2 Metti i verbi riflessivi in parentesi al passato prossimo.

1. Stamattina io _____ (alzarsi) alle 8.00.
2. Franca, perché _____ (mettersi) la giacca?
3. Ieri mattina Marta _____ (svegliarsi) tardi e non è andata in ufficio.
4. Sofia ed io _____ (vestirsi), ma non _____ (truccarsi).
5. In vacanza i ragazzi non _____ (annoiarsi), ma _____ (divertirsi).
6. Voi _____ (lavarsi) e _____ (asciugarsi) i capelli.

 Attenzione: I verbi riflessivi al passato prossimo vogliono sempre l'ausiliare "essere".

DOVE SEI ANDATO IN GITA?

3 Associa le seguenti espressioni al bel tempo e al brutto tempo.

c'è il sole   piove   c'è vento   è nuvoloso

il mare è mosso   nevica   il mare è calmo   c'è la nebbia

1. Se fa bel tempo: *fa caldo*, _____

2. Se fa brutto tempo: *fa freddo*, _____

4a Quali di queste azioni fai di solito quando vai a fare una gita?

1. nuotare ☐
2. fare passeggiate ☐
3. prendere il sole ☐
4. sciare ☐
5. andare in bicicletta ☐
6. andare a pescare ☐
7. scattare fotografie ☐
8. visitare chiese e musei ☐
9. andare a cavallo ☐
10. comprare souvenir ☐
11. chiacchierare con gli amici ☐
12. fare escursioni ☐

4b Metti al passato prossimo i verbi dell'attività precedente e poi di' se hai fatto queste cose, quando sei andato in gita l'ultima volta.

Io…	Sì	No
1.		
2.		
3.		
4.		
5.		
6.		
7.		
8.		
9.		
10.		
11.		
12.		

5 Leggi l'e-mail di Elisa e rispondi alle domande.

Caro Sandro,
ti ho chiamato, ma non mi hai risposto. Forse sei arrabbiato con me? Ieri non sono venuta a casa tua perché sono andata con la mia famiglia a fare una gita in montagna. Ci siamo svegliati la mattina presto. Alle sette siamo partiti in auto e siamo arrivati verso le nove in un posto magico pieno di alberi e di fiori. Abbiamo iniziato a camminare in mezzo al verde e siamo arrivati in cima alla montagna. Lì abbiamo visto un paesaggio stupendo: piccole case e una chiesa bianca. A mezzogiorno abbiamo fatto un ricco picnic: pane, formaggio, salami, frutta, dolci e vino. Abbiamo passato tutto il pomeriggio insieme: abbiamo chiacchierato e scattato tante fotografie. La gita mi è piaciuta moltissimo e mi sono veramente divertita. Domenica prossima, se vuoi, puoi venire anche tu con noi. Ora sono a casa e aspetto una tua telefonata. OK?
A presto!
Elisa

DOVE SEI ANDATO IN GITA?

1. Dove è andata Elisa?
   _____

2. Con chi?
   _____

3. Quale mezzo di trasporto hanno usato?
   _____

4. Quando sono partiti?
   _____

5. A che ora sono arrivati?
   _____

6. Che cosa hanno iniziato a fare?
   _____

7. Che cosa hanno visto dalla cima della montagna?
   _____

8. Hanno mangiato a mezzogiorno?
   _____

9. Come hanno passato il pomeriggio?
   _____

10. Elisa si è divertita?
    _____

6 **Sottolinea l'alternativa corretta.**

1. Lei *è / ha* partita con il treno.
2. Loro *sono / hanno* tornati dalla gita.
3. Io *sono / ho* camminato in mezzo al verde.
4. Noi *siamo / abbiamo* scattato molte fotografie.
5. Il viaggio *è / ha* durato due ore.
6. Chi *è / ha* venuto in gita con voi?
7. Voi *siete / avete* bevuto il vino rosso.
8. I ragazzi si *sono / hanno* divertiti.
9. Noi *siamo / abbiamo* passato il pomeriggio al mare.
10. La gita mi *è / ha* piaciuta.
11. Io *sono / ho* passato una bella giornata.
12. Stamattina noi ci *siamo / abbiamo* alzati presto.

Più scrivo più parlo 1

SCRIVIAMO

7 Dividi le parole del riquadro in due liste. Alcune parole possono andare bene sia per il mare sia per la campagna.

ombrellone, **gabbiano**, spiaggia, fiore, (i) sandali, nuotare, barca, costume, **sentiero**, **conchiglia**, zaino, occhiali da sole, paesaggio, prato, pesce, **scoglio**, scarpe da ginnastica, bosco

Parole per il MARE:

_____   _____
_____   _____
_____   _____
_____   _____
_____   _____

Parole per la CAMPAGNA:

_____   _____
_____   _____
_____   _____
_____   _____
_____   _____

Ora tocca a te!

Domenica scorsa, hai deciso di fare una gita al mare insieme a tuo cugino. Scrivi al tuo amico Franco per raccontargli che cosa avete fatto (Sì) e che cosa non avete fatto (No) durante la giornata.

Descrivi la tua esperienza in una e-mail, seguendo la tabella. (Scrivi il racconto usando il passato).

SÌ	NO
- decidere di fare una gita al mare	- andare da solo/a alla gita
- venire con me anche mio cugino Davide	- nuotare
- insieme partire presto	- pranzare
- arrivare al mare alle 10	- la gita essere lunga
- prendere il sole sulla spiaggia	- restare fino alla sera
- mangiare un bel gelato	- spendere molto
- durare solo 4 ore	
- tornare nel pomeriggio in autobus	
- passare una bella giornata	
- rilassarsi	
- divertirsi	

DOVE SEI ANDATO IN GITA?

```
SCRIVI MAIL
Caro Franco,
...
```

PER PARLARE

1 Leggi le tre domande e rispondi, spiegando il motivo delle tue preferenze. Poi chiedi al tuo compagno se anche lui ha le tue stesse preferenze e perché.

1. **Prima di partire per una gita fuori porta, come scegli il posto da visitare?**
   a. Cerco informazioni su internet.
   b. Leggo il blog di altri turisti.
   c. Compro una guida turistica.
   d. Ascolto i consigli di un amico.

2. **Che tipo di posti preferisci per passare il fine settimana?** (un museo, il mare, la campagna, la montagna, una città, un paese, il lago, ecc.)

3. **Ti piace comprare qualche souvenir quando vai a fare una gita?**

2 Descrivete le due immagini, spiegando…

- in quale stagione siamo e come l'avete capito.
- che cosa indossano le persone delle immagini.
- che relazione c'è tra loro.
- che cosa fanno.

Più scrivo 1 più parlo

PARLIAMO

(3) Dividetevi in due gruppi: Preparate un programma per il fine settimana e invitate l'altro gruppo a venire con voi. Dovete dare le seguenti informazioni:

- località
- motivo della scelta
- programma della giornata / delle giornate
- punto di incontro per la partenza

(4) Raccontate l'ultima gita che avete fatto (quando, dove, con chi, ecc.)

ESPRESSIONI UTILI

- Zaino
- Giubbotto
- Nel fine settimana
- Fare una gita fuori porta
- Località

- Punto d'incontro
- Respirare aria pulita
- Stare in contatto con la natura
- Dare indicazioni

ANIMALI DOMESTICI

livello A2

SCRIVIAMO
Rispondere o scrivere un annuncio per regalare o prendere un animale domestico

PARLIAMO
Descrivere l'aspetto o il carattere di un animale

LESSICO
cucciolo, di razza, randagio, pelo, vaccinazione, pesce, uccello, criceto, cavallo, gabbia, lettiera, accarezzare, adottare, abbandonare, sporcare, affettuoso, intelligente, fedele, indipendente…

FUNZIONI
scrivere un annuncio, rispondere a un annuncio, descrivere un animale, parlare delle difficoltà nel tenere un animale…

ESPRESSIONI
prendersi cura di, fare i bisogni, dare da mangiare, portare dal veterinario, portare a spasso, essere di taglia piccola/media/grande…

1 Guarda le immagini. Collega le frasi e le immagini. Attenzione: ci sono due immagini in più!

1. Porto il mio gatto dal veterinario.
2. Mio padre dà da mangiare ai pesci.
3. Ogni mattina porto il mio cane a spasso.
4. Un bambino accarezza un cavallo.
5. La nostra tartaruga vive in giardino.

a.   b.   c.   d.

e.   f.   g.

2 Abbina animale domestico e oggetto, come nell'esempio.

1. pesce — a. gabbia
2. cane — b. lettiera
3. cavallo — c. *acquario*
4. uccello — d. guinzaglio
5. gatto — e. sella

ANIMALI DOMESTICI

3a Leggi i due annunci. Poi di' se le frasi che seguono si riferiscono all'annuncio A o all'annuncio B.

A

Ho un cucciolo di otto mesi che ho trovato nel parco di Riccione. Non è di razza, ma è molto carino: ha il pelo nero e marrone e occhi grandi e buoni. È affettuoso e gli piace giocare con le palline da tennis e con i bambini. Lo regalo solo a una persona che ha un bel giardino e desidera offrirgli una casa per sempre. Futura taglia media. Adozione solo con moduli affido. Chi è interessato può contattarmi a mario@gmail.it

B

La mia Nanà ha avuto tre gattini. Sono vivaci e dolcissimi. Hanno il pelo corto, grigio e nero. Sono abituati a vivere in appartamento. Mangiano da soli e usano la lettiera. Vogliono solo giocare e dormire. Li regalo a persone amanti degli animali, solo perché non posso tenerli.

Per qualsiasi informazione potete scrivere a paola@gmail.it

1. Ha il pelo nero e marrone. ☐
2. Sono vivaci. ☐
3. Non è di razza. ☐
4. Hanno il pelo corto grigio e nero. ☐
5. È affettuoso. ☐
6. Li regalo. ☐
7. Usano la lettiera. ☐
8. Futura taglia media. ☐
9. Vivono in appartamento. ☐
10. È necessario compilare moduli affido. ☐

Più scrivo più parlo 1

SCRIVIAMO

3b Rileggi i due annunci e <u>sottolinea</u> i pronomi.

3c Scrivi nei due riquadri i pronomi diretti e indiretti che hai sottolineato e di' che cosa significano.

pronomi diretti	pronomi indiretti
____ → ____	____ → ____
____ → ____	____ → ____
____ → ____	

4 Sostituisci con i pronomi diretti *lo, la, li, le* l'oggetto/gli oggetti indicato/i.

Caterina adora il suo cane e il suo gatto e compra al negozio per animali…

1. le cose necessarie _____ compra
2. la lettiera _____ compra
3. il cibo _____ compra
4. i giochini _____ compra
5. la cuccia _____ compra
6. il guinzaglio _____ compra

5 Sostituisci con i pronomi indiretti forti, come nell'esempio.

A me (mi) piace il cane.

1. La nonna _____ (ti) ha regalato il cellulare, _____ (mi) ha dato i soldi.
2. Valerio _____ (ci) offre la cena, _____ (vi) offre un aperitivo.
3. Tu _____ (gli) dici la verità, _____ (le) racconti una storia.
4. Signora, _____ (Le) piace questo film?

pronomi indiretti (forti e deboli)
a me = mi
a te = ti
a lui = gli
a lei = le
a Lei = Le
a noi = ci
a voi = vi
a loro = gli

ANIMALI DOMESTICI

6 Sostituisci con i pronomi indiretti deboli, come nell'esempio.

Mi (a me) piace il gatto.

1. I genitori _____ (a loro) telefonano.
2. Io _____ (a te) ho preparato una pizza.
3. Luigi _____ (a noi) sembra simpatico.
4. Noi _____ (a voi) abbiamo mandato un messaggio.
5. Che cosa _____ (a lei) hai risposto?
6. Marilena _____ (a me) dà molti baci.

7 Scrivi la risposta all'annuncio A (attività 3a), associando le parti di frase della colonna a sinistra con quelle della colonna a destra.

1. Mi chiamo ☐	a.	a presto.
2. Sono una ☐	b.	339876543
3. Vivo ☐	c.	psicologa.
4. Sono interessata ☐	d.	Benedetta.
5. Sono un' ☐	e.	correre e giocare.
6. Ho un bel ☐	f.	di sei anni.
7. Qui il cucciolo può ☐	g.	amante dei cani.
8. Con il mio bambino ☐	h.	dopo le otto.
9. La mia famiglia ed io possiamo ☐	i.	giardino.
10. Chiamami al ☐	l.	al cucciolo in adozione.
11. La sera ☐	m.	a Riccione.
12. Grazie e ☐	n.	offrirgli una casa e amore.

Più scrivo 1 più parlo

SCRIVIAMO

8 Completa le frasi con la preposizione corretta.

1. Sono un amante _____ animali.
2. Chi si prende cura _____ canarino che sta _____ gabbia?
3. Il gatto fa i bisogni _____ lettiera.
4. Io do _____ mangiare ai pesciolini _____ acquario.
5. Ieri ho portato la mia tartaruga _____ veterinario.
6. Il mio cane è _____ taglia piccola.
7. Chi vuole diventare padrone di un animale deve compilare i moduli _____ l'affido.
8. Compreremo al negozio per animali il cibo _____ scatola per il gatto.
9. Mio fratello ha portato _____ spasso il nostro cane nel parco.

Ora tocca a te!

A. Scrivi un annuncio per chiedere un cucciolo:
   - ti presenti
   - dici che animale desideri adottare e perché
   - dici come contattarti

B. Rispondi all'annuncio B (attività 3a) per prendere uno dei tre gattini:
   - ti presenti
   - dici quale gattino vuoi e perché
   - chiedi dove si trova l'animale e come puoi adottarlo

ANIMALI DOMESTICI

PER PARLARE

1 Guardate le vignette e raccontate le storie.

2 Mettete una X a quelle frasi che indicano le difficoltà che affronta il padrone di un quattro zampe.

1. In estate non so dove lasciarlo.
2. Fa danni in casa.
3. Mi piace accarezzarlo.
4. Devo portarlo dal veterinario per le vaccinazioni.
5. È un impegno economico importante.
6. Mi aspetta quando ritorno dal lavoro.
7. Devo portarlo fuori in ogni stagione.
8. Lavoro e non ho tempo per prendermi cura di lui.
9. Il letto e il divano sono sempre pieni di peli.
10. Un pelosetto è un compagno di vita e non un peluche.

3 Rispondete

- Hai un animale? Lo puoi descrivere (dimensioni, colore, razza, carattere)? Se non ce l'hai, quale è l'animale che ti piace di più? Perché?
- Quali sono gli aspetti positivi e quali quelli negativi di avere un animale domestico?
- Nel tuo Paese le persone abbandonano gli animali?

(4) Situazione

Studente A
- Un tuo amico vuole prendere un cane di taglia media-grande. Tu sai che lui lavora molto e vive da solo in un appartamento piccolo e senza giardino. Siccome sei padrone di un cane, gli spieghi le difficoltà che deve affrontare.

Studente B
- Vuoi prendere un cane di taglia media-grande. Vivi da solo e vuoi compagnia...

ESPRESSIONI UTILI

- Affrontare difficoltà
- Quattrozampe
- Pelosetto
- Peluche

- Essere un impegno
- Fare danni
- Fare compagnia
- Padrone di un cane

CHI VIVRÀ, VEDRÀ!

livello A2

SCRIVIAMO
Prevedere il futuro

PARLIAMO
Buoni propositi per il futuro

- **LESSICO**
  progetto, proposito, promessa, sogno, telelavoro, scienziato, scoperta, influenzare, realizzare, smettere di, inventare, ottimista, pessimista…

- **FUNZIONI**
  descrivere il futuro, raccontare una scoperta scientifica, parlare dei buoni propositi…

- **ESPRESSIONI**
  prevedere il futuro, leggere l'oroscopo, realizzare un sogno, stilare una lista di buoni propositi, fenomeno catastrofico, cambiare le abitudini, fare ipotesi, realizzare un progetto…

1 Trova in questo parolone sei verbi al futuro.

partirannopagastudiatomangeremolettocapiscouscirai prendiamotornatovistopassiamoconosceròricordateoffrofiniràcominciatevendereteparlato

1. _____ 2. _____ 3. _____
4. _____ 5. _____ 6. _____

2 Sottolinea tutti i verbi al futuro e scrivi l'infinito da cui derivano.

L'oroscopo per il Nuovo Anno

Ariete (21/3 - 20/4) – Finalmente riuscirai a trovare un po' di tempo per te.
a. _____

Toro (21/4-20/5) – Grazie a un nuovo lavoro cambierai le tue abitudini.
b. _____

Gemelli (21/5-20/6) – Starai in forma e potrai realizzare i tuoi numerosi progetti.
c. _____ d. _____

Cancro (21/6-20/7) – Quest'anno conoscerai l'amore con la A maiuscola.
e. _____

Leone (21/7-20/8) – Vivrai momenti unici con il/la tuo/-a compagno/-a.
f. _____

Vergine (21/8-20/9) – Dovrai superare un problema economico.
g. _____

Bilancia (21/9-20/10) – Comprerai una villa o un appartamento elegante per te e la tua famiglia.
h. _____

Scorpione (21/10 – 20/11) – Smetterai di essere geloso/-a del tuo partner.
i. _____

Sagittario (21/11-20/12) – Viaggerai e imparerai una nuova lingua.
l. _____ m. _____

Capricorno (21/11-20/12) – La luna ti sarà amica e farai carriera. Che cosa vuoi di più dalla vita? n. _____ o. _____

Acquario (21/12-20/1) – Avrai fortuna in amore, ma affronterai un periodo di stress al lavoro. p. _____ q. _____

Pesci (21/1-20/2) – Ti dedicherai ad un'attività artistica che ti piace.
r. _____

CHI VIVRÀ, VEDRÀ!

3a Leggi i titoli delle tre notizie e abbina ad ogni testo l'illustrazione corrispondente.

1. Che lavoro vogliono fare i bambini da grandi?
2. Addio ufficio!
3. Avremo un robot per amico

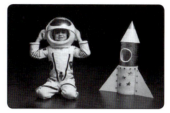

a. _____   b. _____   c. _____

3b Leggi i tre brevi testi. Indica con una X la lettera (a, b, c) che corrisponde all'affermazione giusta.

1. Che lavoro vogliono fare i bambini da grandi?

I genitori chiedono spesso ai figli che lavoro vogliono fare da grandi. Forse fanno questa domanda per aiutarli a realizzare i loro sogni. Ogni bambino naturalmente darà una risposta diversa. La maggior parte di loro, però, risponderà di voler diventare poliziotto o dottore. Quando i bambini cresceranno e diventeranno adolescenti, il mondo della televisione e dei social influenzerà molto i loro gusti e desidereranno fare altri mestieri per diventare famosi come il calciatore, l'attore, il cantante, il cuoco o l'influencer. Quale sarà poi il loro futuro si vedrà.

a. ☐ Il lavoro dei genitori influenza i sogni dei figli.
b. ☐ I figli non hanno sempre le stesse idee sul lavoro che faranno da grandi.
c. ☐ I genitori vogliono aiutare i figli a farsi una famiglia.

2. Addio ufficio!

Come immaginiamo il futuro? Dipende dalla nostra fantasia. Una cosa è certa: grazie al telelavoro, potremo vivere dove vorremo, in un posto che ci piace. La nostra casa avrà uno spazio che diventerà il nostro ufficio, dove potremo lavorare con il computer e anche bere tranquillamente un caffè senza litigare con i nostri colleghi.

a. ☐ Il telelavoro ci permetterà di vivere senza problemi dove desideriamo.
b. ☐ Per andare in ufficio dovremo alzarci presto per non litigare con i colleghi.
c. ☐ Non litigheremo più con i nostri colleghi ma andremo al bar a prendere un caffè con loro.

Più scrivo 1 più parlo

SCRIVIAMO

3. Avremo un robot per amico
Molti scienziati non sono ottimisti sul futuro che ci aspetta e prevedono fenomeni naturali catastrofici. Ma ci dicono pure che robot intelligenti, creati in laboratorio, lavoreranno al posto nostro e diventeranno i nostri migliori amici. Così noi forse potremo andare con la nostra macchina volante su un altro pianeta e fare le vacanze insieme agli extraterrestri. Per ora sembra impossibile, ma non dobbiamo perdere le speranze.

a. ☐ Gli scienziati pensano che in futuro avremo una vita comoda e serena.
b. ☐ Gli extraterrestri verranno a fare le vacanze sul nostro pianeta.
c. ☐ I robot saranno in grado di lavorare al posto nostro.

4 Completa il racconto di Teresa, mettendo i verbi al futuro.

Dopo gli esami di maturità 1. _____ (io, partire) per le vacanze. 2. _____ (andare) in Italia, a Firenze, dove 3. _____ (frequentare) un corso d'italiano per tre settimane. Con me 4. _____ (venire) anche Beatrice e Monica, ma solo se i loro genitori gli 5. _____ (dare) il permesso. Insieme 6. _____ (fare) molte gite per conoscere le città della Toscana e 7. _____ (visitare) Venezia e Roma. Se loro 8. _____ (volere), noi 9. _____ (potere) anche andare al mare. Forse lì 10. _____ (conoscere) molti italiani e 11. _____ (imparare) la lingua senza studiare. Sono sicura che 12. _____ (noi, passare) vacanze indimenticabili.

5 Metti in ordine le frasi del messaggio che Clara ha scritto a sua madre su un post-it che ha lasciato sul frigorifero.

a. Dopo andrò da Elina
b. Se non ritornerò a casa per pranzo,
c. mangerò con lui in una trattoria.
d. Stamattina esco con Sandro
e. per fare shopping.
f. a studiare per l'esame di anatomia, la voglio aiutare.
g. Forse stasera tornerò a casa tardi. Ciao!

1. ___ 2. ___ 3. ___ 4. ___ 5. ___ 6. ___ 7. ___

120

CHI VIVRÀ, VEDRÀ!

6 Correggi gli errori: uno per ogni frase.

1. Quest'estate andremo in vacanza in mare. _____
2. Domani Aurelio e Marina partirano per la Germania. _____
3. È probabile che questo notte pioverà. _____
4. Quanto avrò diciotto anni, la mia vita cambierà. _____
5. Gennaro dara una festa per il suo compleanno. _____
6. L'anno prossimo compreremo un'auto nuovo. _____
7. Tra alcuni anni gli uomini vivranno su un altro planeta. _____

7 Completa le parti di questa famosa canzone di Lucio Dalla dal titolo "L'ANNO CHE VERRÀ" mettendo al futuro i verbi che mancano. Poi ascoltala su internet e controlla.

Caro amico ti scrivo, così mi distraggo un po' e siccome sono molto lontano,
più forte ti _____ (io, scrivere).

Da quando sei partito c'è una grossa novità: l'anno vecchio
è finito ormai, ma qualcosa ancora qui non va. […]

Ma la televisione ha detto che il nuovo anno _____ (portare) una trasformazione, e tutti quanti stiamo già aspettando: _____ (essere) tre volte Natale e festa tutto il giorno ogni Cristo _____ (scendere) dalla croce e anche gli uccelli _____ (fare) ritorno […]

L'anno che sta arrivando tra un anno _____ (finire)
io mi sto preparando è questa la novità.

Più scrivo più parlo 1

SCRIVIAMO

8 Scoprire o inventare? Scoperta o invenzione? Sottolinea la parola corretta.

1. Cristoforo Colombo *ha scoperto / ha inventato* l'America.
2. Gli scienziati hanno fatto una *scoperta / invenzione* importante nel campo della biologia.
3. È opera di Leonardo da Vinci *la scoperta / l'invenzione* della macchina.
4. Si chiama Giovanni Gutenberg l'uomo che *ha scoperto / ha inventato* la stampa.

Ora tocca a te!

Scrivi una breve notizia su una nuova invenzione tecnologica (auto volante, robot amico, ecc.) che cambierà in meglio la nostra vita. Inizia così:

Alcuni scienziati hanno inventato… _____

_____
_____
_____
_____
_____

CHI VIVRÀ, VEDRÀ!

PER PARLARE

1a Il nuovo anno è appena iniziato e con esso arriva la lista dei buoni propositi. Mettete una X a quei propositi che sono anche i vostri.

1. Mangerò più sano. ☐
2. Mi metterò a dieta. ☐
3. Farò uno sport. ☐
4. Cambierò lavoro. ☐
5. Smetterò di fumare. ☐
6. Chiuderò la relazione che ho. ☐
7. Leggerò di più. ☐
8. Userò meno il cellulare. ☐
9. Dedicherò più tempo a me stesso. ☐
10. Non arriverò più in ritardo agli appuntamenti. ☐
11. Dormirò di più. ☐
12. Imparerò una nuova lingua. ☐
13. Non ascolterò le critiche degli altri. ☐
14. Viaggerò di più. ☐
15. Passerò più tempo con gli amici. ☐

altro…

1b Ora leggete ad alta voce la lista dei vostri "buoni propositi" e dite…

- che cosa farete per realizzare ognuno dei vostri propositi.
- se, secondo voi, sarà facile o difficile realizzarli.

2 Guardate l'immagine e descrivetela.

Poi completate l'esercizio che segue, mettendo il verbo in parentesi al futuro, e rispondete alle domande dell'esercizio facendo delle ipotesi.

1. Quanti anni _____ (loro, avere)?
2. Che lavoro _____ (fare) lui?
3. Quanto _____ (lui, guadagnare) al mese?
4. Lei _____ (studiare o lavorare)?
5. La donna _____ (sapere) cucinare?
6. Lui porta una maglietta sportiva. Quanto _____ (costare)?
7. L'uomo che tipo di macchina _____ (guidare)?
8. Gli _____ (piacere) di più il mare o la montagna?
9. Secondo te, i due _____ (innamorarsi) o _____ (restare) buoni amici?

3 Situazione: chiedete ad un vostro amico che progetti ha per il prossimo anno.

ESPRESSIONI UTILI

- Cambiare le abitudini
- Mangiare sano
- Mettersi a dieta
- Fare una dieta
- La relazione/il rapporto
- Dedicare
- Arrivare in ritardo
- Le critiche
- Diventare
- Smettere di fumare

L'ALBUM DEI RICORDI

15
livello A2

SCRIVIAMO
Raccontare un ricordo d'infanzia

PARLIAMO
Parlare del passato

○ **LESSICO**
infanzia, adolescenza, bimbo/a, fantasia, giocattolo, paghetta, vivace, curioso, testardo, ubbidiente, ricordarsi, crescere…

○ **ESPRESSIONI**
sfogliare un album, dire bugie, giocare a nascondino, leggere le favole, essere bravo in matematica, aspettare il pulmino…

○ **FUNZIONI**
raccontare un fatto passato, parlare del proprio carattere da bambini, descrivere il giocattolo e il gioco preferito…

Più scrivo 1 più parlo

SCRIVIAMO

1 Metti in ordine cronologico le parole del riquadro e abbinale alle immagini corrispondenti.

> anziano – giovane – adolescente – neonato – adulto – bambino

1. _____ 2. _____ 3. _____
4. _____ 5. _____ 6. _____

a. ☐

b. ☐

c. ☐

d. ☐

e. ☐

f. ☐

2 Scegli e sottolinea la forma giusta dell'imperfetto tra le due proposte.

1. Nicola *era / erava* un bambino pigro.
2. Tu da bambino non *divi / dicevi* mai la verità.
3. Noi in classe *parlavemo / parlavamo* mentre l'insegnante *spieghava / spiegava*.
4. Beatrice *viveva / viviva* con i suoi nonni.
5. Voi *giocavate / giochavate* a nascondino.
6. A Serena *piaceva / piacevano* le bambole.
7. Io la sera *volavo / volevo* vedere la tv.
8. Mauro e Silvio da piccoli *bevevano / bevano* solo acqua minerale.

L'ALBUM DEI RICORDI

3 Costruisci delle frasi, secondo l'esempio:

fa caldo / freddo   —   *Ora fa caldo, ma prima faceva freddo.*

1. sono grasso / magro
2. vado in vacanza al mare / in montagna
3. abito in città / in campagna
4. faccio il professore / lo studente
5. ho la macchina / la moto
6. frequento l'università / il liceo

4a Leggi le interviste ad alcuni personaggi famosi che parlano della loro infanzia.

G.C. (attore) – Della mia infanzia ricordo una compagna di scuola. Io ero bravo in tutte le materie, ma lei no. Allora un giorno ho deciso che dovevo fare qualcosa per lei. Così ho cominciato ad andare da lei tutti i pomeriggi. Mentre facevamo i compiti insieme, sua mamma ci preparava un dolce al cioccolato buonissimo, dal sapore indimenticabile.

G. T. (regista) – Avevo tre anni quando mio padre mi ha portato per la prima volta al cinema. A quattordici ho iniziato ad andare da solo al cinema con la paghetta che mi davano i miei genitori. Tutti i fine settimana. Guardavo un film almeno due volte. La sala del cinema era per me il posto più bello del mondo.

D. M. (scrittrice) – Mi ricordo che nella via centrale della mia città c'era un negozio che vendeva giocattoli. Era il mio paradiso! C'erano bambole, trenini, soldatini, ma non solo. In un angolo del negozio ogni bambino poteva trovare dei libri e fumetti pieni di immagini e colori. E la mia fantasia volava. Sarà per questo che sono diventata una scrittrice.

A. C. (calciatore) – Quando ero bambino, facevo la collezione delle figurine dei calciatori famosi perché mi piaceva da morire giocare a calcio nel cortile insieme a Piero, ma anche da solo. Passavo ore e ore a tirare calci a un pallone per diventare un bravo calciatore. Quel pallone ancora lo conservo e devo dire che mi ha portato fortuna.

4b Segna con una X le persone che hanno detto le seguenti frasi.

	L'attore	Il regista	La scrittrice	Il calciatore
1. Il mio paradiso era un negozio.				
2. Sua madre ci offriva un dolce.				
3. Mi piaceva giocare a calcio.				
4. Guardavo un film almeno due volte.				
5. Studiavo con una compagna.				
6. Nel negozio si vendevano libri e fumetti.				
7. Facevo la collezione delle figurine di calciatori famosi.				
8. I miei genitori mi davano la paghetta.				

4c Scrivi nel riquadro A i verbi al tempo imperfetto e nel riquadro B i verbi al passato prossimo che trovi nei testi dell'attività 4a.

A

B

L'ALBUM DEI RICORDI

5 Sottolinea il tempo corretto tra imperfetto o passato prossimo.

1. Stefano, dove *eri / sei stato* ieri quando sono venuta a casa tua?
2. Durante l'estate da bambini i miei amici *andavano / sono andati* in vacanza dai nonni.
3. Ieri sera in centro *compravate / avete comprato* un regalo a Giulio?
4. Un tempo mi *piaceva / è piaciuto* dormire con la luce accesa.
5. Stasera sono stanco perché *studiavo / ho studiato* tutto il giorno.
6. L'anno scorso Marisa *cadeva / è caduta* dalla bicicletta.

6 Scegli quali delle seguenti coppie di aggettivi hanno un significato simile.

1. vivace / tranquillo
2. maleducato / viziato
3. chiacchierone / silenzioso
4. attivo / pigro
5. spensierato / allegro
6. pauroso / coraggioso
7. timido / chiuso
8. bugiardo / sincero
9. disubbidiente / ubbidiente
10. gentile / dolce

7 Mentre o durante? Completa le frasi con la parola corretta.

1. _____ studiavo, prendevo appunti.
2. _____ aspettavano il pulmino, i ragazzi ridevano spensierati.
3. _____ giocavamo, parlavamo di molte cose.
4. _____ il pomeriggio, quando pioveva, restavate a casa?
5. Mi ricordo che _____ le feste, compravi i regali per la tua famiglia.
6. _____ l'estate, di solito Valeria leggeva libri d'avventura.

Attenzione!
Mentre + verbo
Durante + nome

Ora tocca a te!
Sul sito "Infanzia in rete" hai letto:

Questo sito è nato con lo scopo di riunire chi ha ricordi della sua infanzia. Vi preghiamo di partecipare con una sola foto o un disegno di un oggetto che amavate e un breve commento.

Hai deciso di partecipare.
Metti qui la foto o un disegno di un oggetto che amavi.

Scrivi un breve commento per dire...

- che cosa c'è nella foto.
- quanti anni avevi allora.
- come eri fisicamente.
- che carattere avevi.
- cosa ti piaceva fare.
- perché hai scelto questa foto.

_____
_____
_____
_____

L'ALBUM DEI RICORDI

PER PARLARE

1 Con le parole date costruite delle frasi all'imperfetto e saprete com'era e che cosa faceva Enrico da bambino.

1. (Io) avere – capelli biondi – essere – spensierato
2. andare – scuola – essere – bravo – matematica
3. la mia maestra – essere – giovane – avere – tanta pazienza
4. giocare – nascondino – cortile – gli altri bambini
5. guardare – tv – leggere – libri d'avventura
6. vivere – casa grande – avere – cameretta luminosa
7. andare – mare – nonna – ascoltare – i suoi racconti
8. avere – bicicletta rossa – fare – passeggiate – parco
9. mi – piacere – dolci – mangiare – tanti gelati

2 Fate un'intervista a un vostro compagno o a una vostra compagna di classe e chiedete:

- Dove sei nato/-a?
- Com'eri da bambino/-a?
- Eri un/una bravo/a studente/studentessa?
- Che cosa facevi durante l'estate?
- Chi era la persona più importante della tua vita? Perché?
- Che cosa sognavi di fare da grande?

Più scrivo 1 più parlo

3 Situazione

A coppie: fai delle domande al tuo compagno sul giocattolo che amava di più da bambino (se era un regalo, se ancora lo conserva, ecc.).

4 Completate la prima parte del testo della canzone di Carmen Consoli *In bianco e nero* con le parole del riquadro. Poi ascoltate la canzone su internet e controllate.

madre – nero – sorriso – bambola – lontana – felice – regalo – festa

Guardo una foto di mia madre
Era _____ (1), avrà avuto tre anni
Stringeva al petto una _____ (2)
Il _____ (3) più *ambito*
Era la _____ (4) del suo compleanno
Un bianco e _____ (5) *sbiadito*
Guardo mia _____ (6) a quei tempi e rivedo
Il mio stesso _____ (7)
E pensare a quante volte l'ho sentita _____ (8)...

5 Trovate il sinonimo delle seguenti parole.

- **Ambito**
a. desiderato   b. indesiderato

- **Sbiadito**
a. che ha perso   b. che conserva il colore originale.

ESPRESSIONI UTILI

- Giocare a nascondino
- Una cameretta luminosa
- Libro d'avventura
- Avere un talento (per)
- Ricordi d'infanzia

Più scrivo 1 più parlo

CIAK SI GIRA!

16 livello A2

SCRIVIAMO
Scrivere la trama di un film

PARLIAMO
Discutere di cinema e piattaforme

LESSICO
attore/attrice, ruolo, spettatore, trama, durata, genere, commedia, giallo, fantascienza…

FUNZIONI
scegliere un film dalla trama, raccontare/consigliare un film visto, discutere di piattaforme di streaming…

ESPRESSIONI
al cinema danno un bel film, è in prima visione, mi piace la colonna sonora, gli effetti speciali, la scena è girata, il film dura due ore…

Più scrivo più parlo 1

SCRIVIAMO

1 Abbina le parole della colonna di sinistra al loro significato nella colonna a destra.

1. Chi vede un film
2. Trama
3. Chi recita in un film
4. Chi dirige un film
5. Film su argomenti sociali
6. Musica del film

a. storia
b. attore/attrice
c. colonna sonora
d. spettatore
e. regista
f. impegnato

2 Completa con il pronome diretto, il *ne* partitivo e il participio corretto.

1. Questo film _____ ho trovat____ su Netflix.
2. La trama _____ ho lett____ in Internet.
3. I protagonisti _____ ho vist____ recitare in altri film.
4. Il regista ha girato il film in due città. Le più belle scene _____ ha girat____ a Venezia.
5. Di premi _____ ha vint____ molti.
6. Il cinema _____ ha scelt____ Sara.
7. Di biglietti _____ abbiamo comprat____ due.
8. La colonna sonora del film _____ avete ascoltat____ molte volte.
9. Di film italiani____ hai guardat____ due.

3a Hai deciso di vedere film italiani. In internet ne hai trovati tanti, ma due in particolare ti hanno colpito. *ne* leggi le trame:

A. Pane e tulipani
Titolo: Pane e Tulipani
Genere: commedia
Regia: Silvio Soldini
Attori protagonisti:
Licia Maglietta, Bruno Ganz, ecc.
Lingua: italiano
Durata: 100 minuti
FILM PER TUTTI

Trama
Rosalba è una donna molto semplice e gentile che vive a Pescara dove non lavora, ma fa la casalinga. Un giorno ha fatto una gita turistica con il pullman insieme al marito, ai due figli e ad altre persone. A un certo punto l'autobus si è fermato a un autogrill sull'autostrada. Mentre era nella toilette, Rosalba ha perso un anello. L'ha ritrovato, ma non subito. Così il pullman è ripartito e l'ha lasciata all'autogrill. All'inizio la donna non sapeva che fare, poi ha fatto l'autostop e si è ritrovata a Venezia, dove l'attendeva l'amore e un nuovo futuro.

CIAK SI GIRA!

B. Perfetti sconosciuti
Titolo: Perfetti sconosciuti
Genere: commedia drammatica
Regia: Paolo Genovese
Attori protagonisti:
Marco Giallini, Valerio Mastandrea,
Anna Foglietta, ecc.

Lingua: italiano
Durata: 97 minuti
FILM PER TUTTI

Trama
In un elegante appartamento romano alcuni vecchi amici decidono di cenare insieme. Tutto sembra tranquillo. Ma a un certo punto una delle invitate, Eva, propone un gioco: ognuno degli amici dovrà mettere il proprio cellulare in mezzo al tavolo e dovrà condividere con gli altri ogni chiamata o messaggio che arriva. Subito tutti accettano la proposta. Ben presto ci accorgiamo, però, che ognuno di loro ha un segreto che non conosce nessuno, neppure il partner o l'amico più caro.

3b Abbina le frasi al testo A e B.

1. La storia si svolge in un appartamento.
2. La protagonista non lavorava.
3. La donna ha fatto una gita con la sua famiglia.
4. Un'invitata propone un gioco.
5. Lei è andata a Venezia.
6. Tutti devono mettere il cellulare sul tavolo.
7. In quella città ha conosciuto l'amore.
8. Ogni persona ha un segreto.

4 Completa il testo con le parole del riquadro.

> Il - Drammatica - attore - dei - vinto - nel - televisiva - conosciuti

Marco Giallini è nato in un quartiere popolare di Roma _____ (1) 1967. Nel 1985 si è iscritto alla Scuola di Arte _____ (2) di Roma "La Scaletta" e, negli anni successivi, tra il 1988 e il 1996, ha avuto l'opportunità di lavorare con alcuni _____ (3) nomi più grandi del teatro italiano. _____ (4) regista Marco Risi l'ha scelto come _____ (5) per il film *L'Ultimo Capodanno*. Da lì è iniziata la sua carriera. Ha anche ottenuto un grande successo nella serie _____ (6) *Romanzo Criminale*. Da allora è diventato uno degli attori italiani più _____ (7) del cinema e della televisione. Ha _____ (8) tre Nastri d'Argento per i film *ACAB*, *Tutta colpa di Freud* e *Perfetti sconosciuti*.

Più scrivo più parlo 1

SCRIVIAMO

5 Correggi gli errori: uno in ogni frase.

1. Non mi va di venire al cinema perché piove e poi questo film gli ho già visto. _____
2. Giulia ha telefonato a Carlo, ma lui non la ha risposto. _____
3. Ho comprato i biglietti in Internet, ne ho preso due. _____
4. Mi piace i film di Nanni Moretti. _____
5. Netflix è uno dai servizi di streaming più popolari. _____
6. Le scene hanno girate a Venezia. _____
7. Il film *La vita è bella* ha vinciuto il premio Oscar. _____
8. Mando subito un messaggio a Francesco per chiederle se vuole venire con noi. _____

6 Completa le frasi con "alla fine" o "finalmente".

1. A Venezia Rosalba conosce _____ l'amore.
2. _____ del film la protagonista è contenta della sua nuova vita.
3. _____ stasera andremo al cinema!
4. _____ della storia lo spettatore capisce che tutti hanno un segreto.
5. Prima siamo andati a fare una passeggiata, poi al cinema e, _____ della serata, a cena.
6. Era un film davvero noioso, _____ è finito!

> **Attenzione!**
> - *alla fine* = in conclusione
> - *finalmente* esprime soddisfazione

7 Leggi gli aggettivi del riquadro e riscrivili negli spazi con il contrario corrispondente.

> commerciale – comico – brutto – divertente – drammatico – impegnato – bello – noioso

1. _____ / _____
2. _____ / _____
3. _____ / _____
4. _____ / _____

CIAK SI GIRA!

16

Ora tocca a te!

Su Facebook sei iscritto a un gruppo di amanti del cinema. Scrivi brevemente ai tuoi amici virtuali la trama di un film che hai visto e gli consigli di vedere (titolo del film, dove è girato, chi sono e che cosa fanno i protagonisti, cosa ti è piaciuto del film, ecc.). Inizia così:
Vi consiglio di vedere…

PER PARLARE

1 Completate la scheda e leggete ai vostri compagni il film che avete scelto nell'attività *Ora tocca a te!*

Titolo di un film italiano che ho visto: _____
Genere: ☐ film d'avventura ☐ commedia ☐ giallo ☐ d'azione ☐ altro _____
È da vedere: ☐ Sì ☐ No
Perché _____

2a Mettete in ordine le parole e saprete che cosa dice Giulio su Netflix.

1. streaming / dei / popolari. / Netflix / uno / di / servizi / è / più
2. programmi TV / permette / documentari / e / scegliere / Ti / film, / di
3. a / necessaria / Internet. / È / connessione / la
4. facile / usare. / Semplice / da / e
5. Su / non / Netflix / sono / pubblicità. / ci
6. film / scaricare / un / offline. / guardarlo / Puoi / e

2b Siete d'accordo con Giulio o preferite guardare i film in un altro modo? Come?

Più scrivo più parlo 1

PARLIAMO

3 Durante le feste natalizie in Italia sentiamo dire spesso di un film che è un CINEPANETTONE. Secondo voi che cosa significa?

Significa:
a. che gli italiani in questo periodo vedono film mentre mangiano il panettone.
b. che è un film comico che gli italiani guardano durante le feste natalizie in una sala cinematografica.

Anche nel vostro Paese c'è qualcosa di simile?

4 Guardate l'immagine e poi rispondete alle domande:

- Dove sono queste persone?
- Che tipo di film guardano?
- Che sentimento mostrano?
- Vi piace questo genere di film o ne preferite un altro? Quale?

5 Situazione

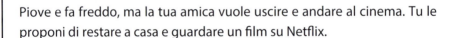

Piove e fa freddo, ma la tua amica vuole uscire e andare al cinema. Tu le proponi di restare a casa e guardare un film su Netflix.

5 Giochiamo in due gruppi! Indovinate i titoli dei seguenti film italiani mettendo in ordine le lettere. Vince il gruppo che li trova per primo!

- aL raGden lezleBza
- uoNov inCaem arasdiPo
- aL azPza iGioa

ESPRESSIONI UTILI

- Scaricare (da internet)
- Popolare
- Documentario
- È da vedere
- Ti va di…
- L'argomento non mi interessa
- Avere paura
- La pubblicità
- Costa poco/molto
- È gratis
- Vedere comodamente da casa

livello A2 — 17

CASA MIA, CASA MIA...

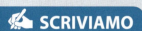
SCRIVIAMO
Descrivere una casa

PARLIAMO
Arredare uno spazio

○ **LESSICO**
condominio, palazzo, proprietario, vicino, soggiorno, ingresso, soffitto, parete, arredamento, riscaldamento, luminoso, accogliente, arredare, traslocare…

○ **FUNZIONI**
fare richieste in modo gentile, dare un consiglio, esprimere un desiderio,…

○ **ESPRESSIONI**
si trova al piano terra/al primo piano, mi basterebbe un appartamento di 30 metri quadrati, vorrei una casa con vista panoramica, mi aiuteresti a trovare un appartamento in vendita?, affitto una villetta a due piani, prenderei un appartamento con riscaldamento autonomo…

① **Abbina le immagini alle seguenti parole**

condominio – villetta – appartamento –
palazzo – grattacielo – cascina

1. _____

2. _____

3. _____

4. _____

5. _____

6. _____

② **Completa i piccoli annunci con le parole che seguono.**

piani – terrazza – servizi – quadrati – palazzo – ammobiliato –
ascensore – riscaldamento

1. Vendo appartamento di 130 metri _____ in un _____ storico ristrutturato. Terzo piano, senza _____.

2. Affitto un monolocale _____ di 35 m² a studente universitario. _____ autonomo. Zona commerciale a dieci minuti dal centro.

3. Cerco villetta a due _____ con doppi _____ e _____ con vista sul mare.

CASA MIA, CASA MIA...

3. Che cosa facciamo in queste camere? Abbina.

1. In camera da letto
2. In camera da pranzo
3. In salotto
4. In bagno
5. In cucina
6. In garage
7. Nello studio
8. Nel ripostiglio

a. mangiamo con gli ospiti.
b. dormiamo e ci riposiamo.
c. ci laviamo e ci facciamo la doccia.
d. parcheggiamo l'auto.
e. studiamo e leggiamo.
f. mettiamo cose che non usiamo spesso.
g. riceviamo gli amici.
h. cuciniamo e prepariamo da mangiare.

4a. Leggi l'e-mail di Fabrizio.

SCRIVI MAIL

Caro Mario,
dopo la laurea, ho deciso di frequentare un corso di specializzazione in Italia. Dovrei restare nella tua città per due anni. Siccome lavori in un'agenzia immobiliare, vorrei chiederti un favore. Mi potresti aiutare a trovare un appartamento in una zona vicino a una stazione della metropolitana? Così non sarebbe un problema per me arrivare in orario all'Università. Preferirei un bilocale arredato, luminoso e soprattutto tranquillo. Come immagini, io non riuscirei a studiare con vicini che litigano o fanno rumore. Mi basterebbero quaranta metri quadri per un soggiorno, una camera da letto, cucina e bagno. Non desidererei, però, abitare al primo piano, ma neanche al quarto piano in un vecchio condominio senza ascensore. Infine dal balcone o dalla finestra mi piacerebbe vedere il mare, anche se in lontananza. Grazie!
Un caro saluto
Fabrizio

P.S. Dimenticavo... non ho molti soldi. Dunque, potrei pagare per l'affitto fino a 500 euro.

INVIA

4b. Indica con una X l'affermazione giusta tra le tre proposte.

1. *Fabrizio vorrebbe*
   a. vendere la sua villetta.
   b. comprare un palazzo.
   c. affittare un appartamento.

2. *L'appartamento si dovrebbe trovare vicino*
   a. alla fermata degli autobus.
   b. alla metropolitana.
   c. all'università.

3. *Lo preferirebbe*
   a. al primo piano.
   b. in un condominio con ascensore.
   c. senza finestre, ma con una terrazza.

4. *Gli basterebbe*
   a. un bilocale.
   b. un monolocale.
   c. un appartamento di trenta mq.

Più scrivo 1 più parlo

SCRIVIAMO

4c Sottolinea nel testo i verbi che sono al condizionale semplice e scrivili qui di seguito.

1. _dovrei_
2. _____
3. _____
4. _____
5. _____
6. _____
7. _____
8. _____
9. _____
10. _____

> **Attenzione**:
> Il condizionale semplice si usa per:
> a) chiedere qualcosa in modo gentile
> b) esprimere un desiderio
> c) dare consigli
> d) fare una proposta
> e) esprimere un'ipotesi/ una possibilità

5 Abbina ciascuna delle seguenti frasi alla funzione indicata nel riquadro.

1. Non mi piace l'appartamento dove vivo. Mi piacerebbe traslocare.
2. Se non vuoi vivere in città, potresti andare a vivere in campagna.
3. Per piacere, signora Marina, potrebbe aiutarmi a trovare un monolocale?
4. Amore, vorrei andare a cena a casa dei miei genitori. Ti va?
5. Dovrei trasferirmi all'estero l'anno prossimo.

6 Scegli il verbo corretto al condizionale semplice per completare la frase.

1. Noi *compreremmo / compreremo* una casa per le vacanze.
2. Tu mi *affittaresti / affitteresti* il tuo bilocale?
3. Maria *arrederebbe / arrederebe* la casa con mobili antichi.
4. Per le vacanze Franco e Luciana *prenderebbeno / prenderebbero* una villetta vicino al mare.
5. *Traslocherei / Traslocarei* volentieri in una casa più grande.
6. Voi *vendeste / vendereste* i vostri mobili antichi per comprarne dei moderni?

CASA MIA, CASA MIA... 17

7 Trova nel crucipuzzle i 12 aggettivi nascosti.

C	L	P	P	L	O	G	R	A	N	D	E	Y	H
T	I	I	K	H	R	U	M	O	R	O	S	O	D
F	S	C	Q	R	J	L	U	M	I	N	O	S	O
J	K	V	E	C	C	H	I	O	V	O	A	X	P
A	M	M	O	B	I	L	I	A	T	O	A	D	B
R	J	A	W	I	A	R	W	I	A	U	R	F	N
T	R	A	N	Q	U	I	L	L	O	I	G	Q	M
S	C	O	M	O	D	O	H	Y	G	U	G	G	S
P	P	P	I	C	C	O	L	O	Q	J	H	X	Z
A	C	C	O	G	L	I	E	N	T	E	V	X	C
N	F	S	M	O	D	E	R	N	O	S	D	Y	T
A	O	C	M	I	J	M	V	R	D	Y	K	K	B
X	M	T	D	H	U	U	R	U	S	T	I	C	O
A	P	A	N	O	R	A	M	I	C	O	D	U	J

8 Completa i riquadri con le seguenti parole. Alcune parole possono andare in più riquadri.

> armadio, poltrona, doccia, tavolino, sedia, libreria, *divano*, letto, frigorifero, (la) lavastoviglie, lavandino, lampadario, scrivania, specchio, lampada, tavolo, comodino, vasca da bagno, tappeto, cuscino, televisore, quadro, armadietto, (le) tende

1. Nel soggiorno:
divano
_____
_____

2. In camera da letto:
_____
_____
_____

3. In cucina:
_____
_____
_____

Più scrivo 1 più parlo

PARLIAMO

4. In bagno:
___

5. Nello studio:
___

Ora tocca a te!

Descrivi la casa dei tuoi sogni, spiegando:
- dove si dovrebbe trovare.
- che tipo di casa preferireste.
- che colori useresti per dipingere le pareti.
- che tipo di arredamento sceglieresti.

PER PARLARE

1 Abbinate le risposte alle domande.

1. Avete la lavastoviglie?
2. Hai le tende nel soggiorno?
3. Qui fa freddo. Ma la casa ha il riscaldamento?
4. I signori Rossi hanno due tavoli in cucina?
5. Signora, ha dei quadri in camera da letto?

a. Ne ho molti, anche di artisti famosi.
b. Sì, ce l'ha. Ora l'accendo.
c. No, in cucina ce ne hanno solo uno.
d. Sì, ce le ho. Sono bianche e trasparenti.
e. No, purtroppo non ce l'abbiamo.

Attenzione:
Se chiediamo o diciamo se abbiamo qualcosa, usiamo

Ce l'/ li / le / ne ho
Ce l l'/ li / le / ne hai
Ce l'/ li / le / ne ha
Ce l'/ li / le / ne abbiamo
Ce l'/ li / le / ne avete
Ce l'/ li / le / ne hanno

1._____ 2._____ 3._____ 4._____ 5._____

CASA MIA, CASA MIA…

2 Descrivete l'immagine.

- Ti piace questa cucina in stile country?
- Secondo te, quante persone abitano in questa casa?
- Potresti dire che tipo di persone abitano in questa casa? Che lavoro fanno? Che carattere hanno? Hanno figli?
- A casa tua c'è la lavastoviglie?
- Tu passi molto tempo in cucina? Perché?

3 Abbinate oggetto e azione e poi dite quali sono le faccende domestiche che non vi piace fare.

1. Spolverare
2. Cucinare
3. Stirare
4. Fare il bucato
5. Pulire il pavimento
6. Lavare i piatti
7. Stendere
8. Buttare la spazzatura

a. lavatrice
b. i panni
c. scopa e aspirapolvere
d. lavastoviglie
e. bidone
f. ferro da stiro
g. straccio
h. pentola

4. Situazione

Il tuo proprietario vuole aumentare l'affitto. Tu gli dici che non puoi e non vuoi pagare di più per l'affitto perché...

ESPRESSIONI UTILI

- Faccende domestiche
- Riordinare/mettere in ordine
- Spazzare
- Spolverare
- Stirare
- Lavare
- Fare il bucato
- Straccio
- Scopa
- Ferro da stiro
- Passare l'aspirapolvere
- Buttare la spazzatura

Più scrivo 1 più parlo

18
livello A2

SALUTE E BENESSERE

SCRIVIAMO
Scrivere alla rubrica di una rivista di *Salute e Benessere*

PARLIAMO
Chiedere consigli a un amico per affrontare un problema di salute

- **LESSICO**
  malato, infermiere/-a, dottore/-essa, medicina, farmaco, ricetta, terapia, cerotto, sciroppo, compressa…

- **FUNZIONI**
  descrivere un problema di salute, chiedere/dare un consiglio legato alla salute, consigliare cosa fare o non fare per stare meglio…

- **ESPRESSIONI**
  mi sono fatto/a male, sono malato/a, mi fa male la testa, ho la febbre, portare qualcuno al pronto soccorso, fare una radiografia, prendere le medicine, seguire i consigli del medico…

Più scrivo 1
più parlo

SCRIVIAMO

1 Abbina alle immagini le seguenti parole.

compressa – termometro – ovatta – (le) gocce – sciroppo – pomata – cerotto – iniezione

 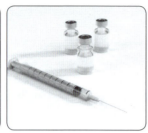  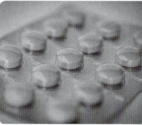

1. _____ 2. _____ 3. _____ 4. _____

5. _____ 6. _____ 7. _____ 8. _____

2 A quali delle categorie indicate nel riquadro appartengono le seguenti parole?

a. medicine
b. luoghi della salute
c. disturbi

1. ☐ mal di testa, raffreddore, tosse, febbre
2. ☐ sciroppo, pomata, antibiotico, gocce
3. ☐ ospedale, pronto soccorso, studio medico, farmacia, clinica

3 Che significa, secondo te, il proverbio "Mente sana in corpo sano"?

Significa:
a. Il corpo sta bene se abbiamo il denaro per comprare le medicine.
b. Il benessere del corpo ha relazione con il benessere della mente.

SALUTE E BENESSERE

4 Completa le frasi con la preposizione corretta.

1. Quando siamo malati andiamo _____ medico.
2. Il malato prende le medicine _____ guarire.
3. Comprate le medicine _____ farmacia.
4. Chi ha mal _____ testa, deve prendere una compressa.
5. L'infermiere misura la febbre _____ il termometro.
6. Sono caduto e mi sono fatto male _____ braccio.
7. Hanno portato Caterina _____ ospedale.
8. Se vuoi stare bene, devi seguire i consigli _____ dottoressa.

5a Leggi che cosa scrive Valentina alla rubrica *La posta di Chiara* della rivista *Salute e Benessere*.

Cara Chiara,
le mie giornate sono frenetiche: mi sveglio presto, preparo la colazione, poi porto i bambini a scuola e corro al lavoro. Alle 9 sono in ufficio e lavoro tutto il giorno fino alle 4. A volte non riesco a fare neanche la pausa pranzo. Alle 5, quando ritorno a casa, devo fare le faccende domestiche. La sera sono così stanca che ho spesso bruciori di stomaco e non riesco a dormire. Così prima passo ore sui social, poi prendo un tranquillante. Quando mi sveglio, la mattina non ho l'energia necessaria per affrontare la giornata. Che cosa posso fare?
Valentina

5b Metti una X vicino alle affermazioni presenti nel testo.

1. Valentina si alza ogni mattina alle sette. ☐
2. Ha dei figli piccoli. ☐
3. Lavora in un ufficio. ☐
4. Mangia solo un'insalata durante la pausa pranzo. ☐
5. Dorme poco la notte. ☐
6. Passa alcune ore della notte sui social. ☐
7. Beve sempre una tisana prima di andare a letto. ☐
8. Quando si sveglia, fa le faccende domestiche. ☐

5c Completa la risposta di Chiara con i verbi all'imperativo del riquadro.

> limita – fatti – prendere – fa' – respira –
> pensa – mangiare – rilassati – bevi – ascolta

Cara Valentina,
l'insonnia è un tipico sintomo dello stress. Ecco qualche trucco che potrebbe funzionare per aiutarti a dormire.

_____ (1) un po' di ginnastica quando torni a casa dopo il lavoro.
A cena non _____ (2) cibi pesanti.
Prima di andare a letto _____ (3) un bel bagno caldo e _____ (4).
_____ (5) profondamente per ossigenare la mente.
_____ (6) l'uso dei social e _____ (7) una musica rilassante.
Non _____ (8) tranquillanti o farmaci, ma _____ (9) un bicchiere di latte caldo, o una tisana.
_____ (10) a un posto dove ti piacerebbe andare nel fine settimana.
Chiara

6 Sottolinea l'imperativo corretto.

1. Se vuoi fare uno sport, *fallo / lo fa'* al ritorno dal lavoro.
2. Se non volete bere la coca cola, non *bevetele / bevetela*.
3. Se vuoi, saluta Giorgia e *dale / dalle* un bacio da parte mia.
4. Se vogliamo leggere un libro, *compriamone / compriamolo* uno.
5. Se non vuoi fare le faccende di casa, *non dillo / non dirlo* a Giulia.
6. Se non volete riposarvi, *non riposarti / non riposatevi*.
7. Se vuoi andare al supermercato, *non vacci / non andarci* ora.
8. Se sei stressato, *rilassati / ti rilassare*!
9. Se non puoi dormire, *non prendere / non prendi* tranquillanti.

SALUTE E BENESSERE

7 Che cosa significa? Leggi i messaggi e metti una X vicino alla risposta scelta.

1. Prima dell'uso, leggere attentamente il foglietto illustrativo.

    Significa che dobbiamo leggere
    a. ☐ le avvertenze scritte sulla scatola del medicinale.
    b. ☐ le avvertenze che si trovano dentro la scatola del medicinale.

2. Sciogliere la compressa in acqua.

    Significa che dobbiamo
    a. ☐ prima mettere in bocca la medicina e poi bere un po' d'acqua.
    b. ☐ prima mettere la medicina nell'acqua e poi bere quest'acqua.

3. Assumere il farmaco a stomaco pieno.

    Significa che dobbiamo prendere la medicina
    a. ☐ prima di un pasto.
    b. ☐ dopo un pasto.

4. Il prodotto potrebbe avere effetti collaterali.

    Significa che se prendiamo quella medicina
    a. ☐ ci possono essere dei problemi.
    b. ☐ staremo sicuramente bene.

5. Tenere fuori dalla portata dei bambini.

    Significa che
    a. ☐ è necessario conservare il medicinale in un posto dove i bambini non possono trovarlo.
    b. ☐ non dobbiamo usarlo per i bambini.

6. Da vendersi dietro presentazione di ricetta medica.

    Significa che
    a. ☐ non possiamo acquistare in farmacia tutti i farmaci che vogliamo.
    b. ☐ dobbiamo acquistare le medicine sempre in farmacia.

Più scrivo 1 più parlo

PARLIAMO

Ora tocca a te!

Una tua amica ti dice che è triste perché il suo ragazzo l'ha lasciata e perciò non esce più con gli amici, non fa sport, è sempre triste, non dorme bene ed è anche ingrassata. Ti chiede aiuto e tu le scrivi una lista con dei consigli utili, spiegandole che cosa deve o non deve fare secondo il modello.

Che cosa deve fare?	Che cosa non deve fare?
1. _esci_	1. _non stare in casa_
2.	2.
3.	3.
4.	4.
5.	5.
6.	6.
Altro…	Altro…

PER PARLARE

1 Giochiamo, interpretando correttamente il ruolo.
Un compagno legge ad alta voce un'affermazione a sinistra e l'altro risponde, facendo il corretto abbinamento con la risposta a destra.

1. Ho problemi con la vista.
2. Il mio bambino ha la febbre.
3. Mi fa male un dente.
4. Ahi! Mi fa male la schiena.
5. Il mio cane non mangia.
6. Ho gravi problemi psicologici.
7. Mia moglie aspetta un bambino.
8. Sono caduto e mi fa male il braccio.

a. Va' dal dentista!
b. Che aspetti? Va' da un radiologo!
c. Portalo dal pediatra!
d. Va' dall'ortopedico!
e. Accompagnala da un ginecologo!
f. Portalo dal veterinario!
g. Va' dallo psichiatra!
h. Va' dall'oculista!

SALUTE E BENESSERE

2 Mettete una X al consiglio che dareste ad un amico che vi dice…

1. *Ho mal di testa.*
   a. Prendi un'aspirina! ☐   b. Ascolta la musica! ☐

2. *Ho sempre mal di stomaco.*
   a. Va' dal medico! ☐   b. Non mangiare cibi pesanti! ☐

3. *Sono scivolato e ho sbattuto la testa.*
   a. Corri in ospedale! ☐   b. Mettiti un po' d'acqua in testa! ☐

4. *Mi sono tagliato un po' il dito con il coltello.*
   a. Metti il dito nell'acqua fredda! ☐   b. Pulisci bene con lo spirito e mettiti un cerotto. ☐

5. *Ho la febbre e il raffreddore.*
   a. Resta a letto ☐   b. Chiama l'ambulanza ☐

3 Guardate le vignette in sequenza e raccontate la storia.

4 A coppie rispondete alle domande.

- Che cosa fai quando non ti senti bene?
- Quando vai in vacanza, porti con te delle medicine? Quali?
- Hai mai avuto un incidente domestico? Racconta!
- Potresti fare una lista delle cose che sono necessarie per vivere bene? (stile di vita, ottimismo, alimentazione, prevenzione, ecc.)

Più scrivo 1 più parlo

 PARLIAMO

5 Situazione

Un tuo amico è caduto dalla moto e si è rotto una gamba. In ospedale gli hanno messo il gesso che dovrà tenere per un mese. Ti telefona e ti dice che è nervoso e depresso perché non sa come passare il tempo. Gli dai dei consigli.

ESPRESSIONI UTILI

- Incidente domestico
- Scivolare
- Sbattere (la testa)
- Tagliarsi
- Prevenzione

- Rompersi una gamba (braccio)
- Gesso
- Sono depresso/stressato
- Sono guarito/-a

Più scrivo più parlo

19 livello A2

STA PER ARRIVARE L'ESTATE!

SCRIVIAMO
Scrivere un volantino per organizzare una giornata ecologica

PARLIAMO
Convincere un amico a partecipare ad una giornata ecologica

○ **LESSICO**
ambiente, inquinamento, spreco, incendio, bosco, rifiuti, contenitore, rispettare, rovinare, riciclare, denunciare, multare…

○ **FUNZIONI**
come scrivere un volantino, dare consigli per salvare l'ambiente, discutere di ecologia…

○ **ESPRESSIONI**
il patrimonio artistico, raccogliere i rifiuti, imbrattare i monumenti, il degrado ambientale, la campagna di volontariato…

Più scrivo più parlo

SCRIVIAMO

1 Abbina l'immagine al tipo di inquinamento che mostrano.

> dell'aria – del suolo – dell'acqua – acustico

a. _____ b. _____ c. _____ d. _____

2 Trova il verbo che deriva dal nome, come nell'esempio.

inquinamento ⟶ *inquinare*

1. rispetto _____
2. multa _____
3. pulizia _____
4. partecipazione _____
5. tutela _____
6. raccolta _____
7. scritta _____
8. riciclo _____
9. degrado _____
10. spreco _____

3 Completa il programma di una tipica giornata ecologica con le parole del riquadro.

ore 7.30: incontro dei _____ in piazza Garibaldi.
ore 8.00: consegna dei _____ utili ai lavori.
ore 8.30: _____ dei lavori.
ore 12.30: pranzo _____ a tutti i partecipanti.
ore 17.30: gadget in _____ ai partecipanti.
ore 19.00: _____ dei lavori.

> materiali
> offerto
> regalo
> fine
> partecipanti
> inizio

156

STA PER ARRIVARE L'ESTATE!

4a Leggi i titoli dei volantini delle giornate ecologiche e fai delle ipotesi. Dopo controlla se erano corrette.

A. *Operazione Mare pulito*

B. *Ripuliamo le città d'arte*

A. "Fai anche tu la tua parte! Per contrastare la presenza dei rifiuti che vedi sulle spiagge e che finiscono in mare, ogni tua scelta quotidiana è importante e può fare la differenza". Con questo slogan sono invitati tutti il 19 aprile a partecipare all'edizione annuale di *Spiagge Pulite*, la campagna di volontariato ambientale organizzata da Legambiente nell'isola d'Elba. È un appuntamento dedicato soprattutto a giovani e bambini che saranno i futuri custodi* dei nostri mari.

* custode è la persona che vuole conservare qualcosa

B. Sono stati necessari centinaia di anni per fare Napoli quella che è, ma pochi minuti per rovinarla. Non abbandoniamola al degrado!
Cerchiamo cittadini come te che vogliono aiutarci a cancellare le scritte vandalche. Pulire i muri, le strade, i monumenti è importante per rendere la città più bella e accogliente per i cittadini e i turisti che stanno per venire a farci visita.
Unisciti a noi!

4b Collega le seguenti affermazioni al testo A o al testo B.

1. _____ Legambiente ogni anno organizza una giornata ecologica.
2. _____ Dobbiamo pulire i muri della città.
3. _____ Le spiagge dell'isola sono piene di rifiuti.
4. _____ I turisti sono pronti a visitare la nostra città.
5. _____ Il mare è di tutti.
6. _____ La città diventa più accogliente.

5 Che cosa stanno facendo? Collega le frasi e poi le immagini alle frasi.

1. Il giovane sta imbrattando ☐   a. i rifiuti sulla spiaggia.
2. I bambini stanno nuotando ☐   b. a un autista.
3. I volontari stanno raccogliendo ☐   c. un monumento.
4. La polizia sta facendo la multa ☐   d. in mare.

A ☐   B ☐   C ☐   D ☐

6 Metti in ordine le frasi.

1. alla giornata ecologia / i partecipanti / Stiamo / contro lo spreco dell'acqua. / aspettando

   _____

2. di plastica / raccogliendo / Gli studenti / sulla spiaggia. / le bottiglie / stanno

   _____

3. per arrivare / l'estate sta / i turisti / per iniziare. / perché / Stanno

   _____

4. la tua macchina. / Stai / per lavare / troppa acqua / sprecando

   _____

5. per distruggere / L'inquinamento / il nostro pianeta. / sta

   _____

Attenzione!
Stare per + infinito = Siamo pronti a fare qualcosa

Stare + gerundio = Abbiamo iniziato a fare qualcosa, ma non abbiamo finito

STA PER ARRIVARE L'ESTATE!

6. State / le bombolette spray / i monumenti / della vostra città / con le scritte? / per imbrattare / per usare

_____

7 Che possiamo fare per salvare l'ambiente? Ricostruisci le frasi divise in due parti.

1. Non sprechiamo ☐
2. Non provochiamo ☐
3. Mangiamo poca ☐
4. Preferiamo il vetro ☐
5. Non lasciamo rifiuti ☐
6. *Usiamo i* ☐ *f*
7. Non imbrattiamo ☐
8. Partecipiamo alle ☐
9. Non usiamo la macchina ☐

a. nei parchi.
b. alla plastica.
c. ma la bicicletta.
d. i monumenti.
e. l'acqua.
f. *materiali riciclabili.*
g. incendi nei boschi.
h. giornate ecologiche.
i. carne o pesce.

8 Scrivi in due liste che cosa dobbiamo fare e che cosa non dobbiamo fare per salvare l'ambiente, dando una breve motivazione.

Dobbiamo...	Non dobbiamo...

Più scrivo 1 più parlo

PARLIAMO

Ora tocca a te!

Prepara un volantino per organizzare una giornata ecologica. Decidi tu il tipo di attività.
Scrivi uno slogan, spiega perché tutti devono partecipare e prepara il programma della giornata.

PER PARLARE

1. Abbinate la città italiana alla foto corrispondente. Poi dite se avete visitato qualcuna di queste città e se erano pulite.

Firenze – Roma – Napoli – Venezia – Milano – Palermo

a. _____

b. _____

c. _____

d. _____

e. _____

f. _____

STA PER ARRIVARE L'ESTATE!

2 Guardate l'immagine e leggete il titolo di questa notizia. Poi dite che cosa è successo a Roma.

Roma- Fanno il bagno a Fontana di Trevi: turisti sorpresi e multati dalla polizia
Scoperti in vasca nella notte, durante i controlli per la movida sicura. Domenica il picnic sulle statue.

3 A coppie rispondete alle domande.

- Secondo voi, gli italiani rispettano i luoghi dove vivono?
- Su questo punto trovi somiglianze fra gli italiani e i tuoi connazionali?
- Nel tuo Paese i giovani prima delle vacanze estive fanno esperienze di volontariato per accogliere i turisti? Quali?

Più scrivo 1 più parlo

PARLIAMO

Situazione

Proponi ad un amico di non andare in vacanza quest'estate, ma di rimanere in città per partecipare al progetto di volontariato "Proteggiamo il nostro parco". Lui rifiuta: non vuole rinunciare alle sue vacanze.

ESPRESSIONI UTILI:

- Fare il bagno
- La fontana di Trevi
- Fare un controllo
- Movida
- Picnic
- Statua
- Ma sei pazzo?

- Che stai dicendo?
- Non ci credo!
- Ma stai scherzando?
- Rinunciare
- Provare qualcosa di nuovo
- È per una buona causa

Più scrivo 1 più parlo

20 livello A2

DOVE C'È MUSICA...

SCRIVIAMO
Fare confronti tra la musica leggera del passato e di oggi

PARLIAMO
Fare un'intervista a un cantante italiano

- **LESSICO**
  musicista, cantautore, gruppo, fan, canzone, testo, chitarra, basso, concerto, microfono, conservatorio, opera, classica e moderna, suonare, ballare…

- **FUNZIONI**
  fare paragoni, esprimere una preferenza…

- **ESPRESSIONI**
  suonare uno strumento, il genere musicale, il concerto dal vivo, fare tendenza, avere successo, avere una bella voce, ascoltare la musica ad alto volume…

Più scrivo 1 più parlo

SCRIVIAMO

1 Metti in ordine le sillabe e trova le parole che indicano gli strumenti musicali raffigurati nelle immagini.

1. ro – tam – bu
_____

2. ra – tar - chi
_____

3. ba – trom
_____

4. te – ria – bat
_____

5. for – pia – te – no
_____

6. li – vio – no
_____

2 Costruisci lo schema con la "famiglia" di parole.

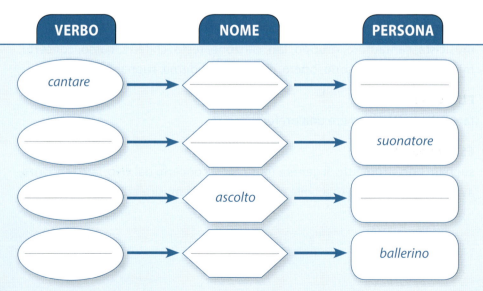

DOVE C'È MUSICA...

3 Abbina i verbi della colonna a sinistra con le parole della colonna a destra.

1. cantare una ☐
2. ascoltare ☐
3. suonare uno ☐
4. scrivere ☐
5. preferire ☐
6. mettere ☐
7. alzare ☐
8. girare un ☐

a. strumento
b. versi
c. il volume
d. un genere musicale
e. videoclip
f. canzone
g. gli auricolari
l. la radio

4a Una rivista online propone ai suoi lettori di rispondere alla domanda: «Tra la musica leggera di ieri e quella di oggi ci sono differenze?». Leggi cosa scrivono i lettori.

Pietro - La musica è da sempre un elemento molto importante nella nostra vita. Oggi la musica è molto diversa da quella di ieri sotto diversi punti di vista. Per esempio, un biglietto per un concerto di un qualunque cantante è più caro di un biglietto per un concerto di un gruppo come i Pink Floyd, negli anni '70.

Anna - Oggi Internet e i social sono diventati un mezzo di diffusione della musica e un qualunque cantante -o gruppo- può riscuotere molto successo in pochissimo tempo. E questo successo dipende dalla casa discografica, più che dal genere musicale o dal talento artistico.

Davide - Oggi la bravura del cantante o del gruppo ha un ruolo meno importante che in passato: i cantanti non hanno sempre una bella voce e fanno solo "musica commerciale". Inoltre, quando si presentano in pubblico, si vestono e si truccano in modo eccentrico per attirare l'attenzione e fare tendenza tra i giovani.

Bianca - Un punto in comune tra la musica degli anni precedenti e quella di oggi c'è. La musica è sempre stata indispensabile, poiché, indipendentemente dal genere, riesce a trasmettere forti emozioni a chi la ascolta, sia con la melodia che con il testo. Per questo motivo si comprende che, anche se la musica commerciale sta diventando una realtà sempre più grande, il piacere per quella musica, che ti fa sentire benissimo e ti trasmette emozioni uniche, non potrà mai finire.

4b Collega ogni frase con il lettore / la lettrice che l'ha detta.

1. Il successo di un cantante di oggi dipende più dalla casa discografica che dal suo talento. _____
2. Le canzoni del passato erano meno commerciali di quelle attuali. _____
3. La bravura del cantante o del gruppo ha un ruolo meno importante che in passato. _____
4. La musica è da sempre un elemento molto importante nella nostra vita. _____
5. La musica ti fa sentire benissimo e ti trasmette emozioni uniche. _____
6. Negli anni '70 un biglietto per un concerto di un famoso gruppo costava meno di un concerto di oggi di un qualunque cantante. _____

5 Sottolinea la forma corretta del comparativo e superlativo.

1. Questa cantante è meno brava
   a. *d'altra* / b. *dell'altra*.
2. Le canzoni di questo gruppo musicale sono
   a. *bellissimi* / b. *bellissime*.
3. Mengoni è bravo
   a. *tanto* / b. *quanto* i cantautori degli anni '70.
4. Mi piace ascoltare la musica dal vivo
   a. *più che* / b. *più di* dal computer.
5. I cantautori sono di moda ieri
   a. *così* / b. *come* oggi.
6. Preferisco la musica classica
   a. *dalla* / b. *alla* musica leggera.
7. Il rock è meno romantico
   a. *che* / b. *del* blues.
8. La voce di Malika Ayane è
   a. *molta* / b. *molto* dolce.

Attenzione!
più/meno "di"
- La mia gonna è più/meno corta della tua.
- Stefania è più/meno alta di Anna.
- Tuo fratello è più/meno giovane di te.

più/meno "che"
Il che si usa quando si comparano due:
- qualità (*Il tavolo è più lungo che largo*).
- espressioni di luogo (*Il caffè costa più in Francia che in Italia*).
- verbi (*Mi piace più uscire che stare in casa*).
- quantità (*Compro più libri che quaderni*).

DOVE C'È MUSICA...

6a Guarda su Youtube il video della canzone di Malika Ayane "Che cosa hai messo nel caffè?" e inserisci le preposizioni mancanti.

M'hai detto vieni _____ (1) da me,
l'inverno è caldo _____ (2) da me.
Non senti il freddo che fa
_____ (3) questa nostra città.

Perché non vieni _____ (4) da me,
saremo soli io e te.
Ti posso offrire un caffè
_____ (5) fondo che male c'è.

Ma cosa hai messo _____ (6) caffè
che ho bevuto su _____ (7) te.
C'è qualche cosa _____ (8) diverso
adesso _____ (9) me.
Se c'è un veleno*, morirò,
ma sarà dolce accanto _____ (10) te
perché l'amore che non c'era adesso c'è.

Non so neppure che giorno è,
ma tutti i giorni sarò _____ (11) te.
È un'abitudine ormai
che non so perdere, sai.

Ma cosa hai messo _____ (12) caffè
che ho bevuto su _____ (13) te.
C'è qualche cosa _____ (14) diverso
adesso _____ (15) me.
Se c'è un veleno*, morirò,
ma sarà dolce accanto _____ (16) te
perché l'amore che non c'era adesso c'è.

Stamani, amore, pensando _____ (17) te,
il primo fiore mi ha detto che
l'inverno ormai se ne va,
ma tu rimani _____ (18) me.

Ma cosa hai messo _____ (19) caffè
che ho bevuto su _____ (20) te.
C'è qualche cosa _____ (21) diverso
adesso _____ (22) me.
Se c'è un veleno*, morirò,
ma sarà dolce accanto _____ (23) te
perché l'amore che non c'era adesso c'è.

*veleno: sostanza che può provocare danni all'organismo e anche la morte

6b Completa il testo con le parole del riquadro.

casa – di – primavera – è – gli – messo

La canzone che abbiamo ascoltato parla _____ (1) una donna che in inverno _____ (2) andata a bere un caffè a _____ (3) di un amico, ma che in _____ (4) ha capito di essere innamorata di lui. Così _____ (5) chiede «Ma cosa hai _____ (6) nel caffè?».

7 Separa le parole e trova una frase che gli italiani dicono spesso. Poi scegli la spiegazione corretta.

CAMBIALAMUSICAMANONISUONATORI

_____

Significa:
a. Una situazione è rimasta uguale, anche se sono cambiati alcuni elementi.
b. Una situazione è cambiata perché le persone non restano sempre le stesse.

Ora tocca a te!

Rispondi anche tu alla domanda che la rivista online fa ai suoi lettori: «Tra la musica leggera di ieri e quella di oggi ci sono differenze?». Poi aggiungi se preferisci le canzoni moderne o quelle del passato e perché.

DOVE C'È MUSICA...

PER PARLARE

1 Completate la scheda.

Nome del cantante italiano più famoso nel vostro Paese: _____

La sua canzone più famosa: _____

Genere: ☐ classica ☐ pop ☐ rock ☐ jazz ☐ rap ☐ folk ☐ blues

2 Mettete in ordine le parole per trovare alcune frasi utili per fare un'intervista ad un cantante.

1. dedicarti / Perché / alla / deciso / musica?/ di / hai

2. *talentshow*? / a / partecipato / mai / Hai / un

3. le / artisti / musicali? / hanno / scelte / influenzato / tue / Quali

4. in / andrai / estate? / tournée / Dove / questa

5. te, / successo / dai / di / social? / una canzone / Secondo / il / dipende

6. significa / te? / la / per / Che / musica

3 Descrivete le immagini.

1. Siete mai stati ad un concerto? Raccontate. (quando, con chi, tipo di concerto, quante persone c'erano, ecc.)
2. Quando ascoltate la musica?
3. Guardate i video delle canzoni su Youtube?
4. Qual è il titolo di una canzone che vi piace? Di che cosa parla?

Più scrivo 1 più parlo

 **PARLIAMO**

Situazione:

Immagina di essere un fan e fa' un'intervista ad un cantante famoso.

ESPRESSIONI UTILI

- Dedicarsi (a)
- Partecipare (a)
- Influenzare
- Dirigere
- Orchestra

- Maestro
- (La) tournée
- Essere sul palco
- Avere successo

CHIAVI

U0

1a
Saluti: benvenuto; salve; buonasera; buongiorno; ciao; addio
Nomi: Angela; Andrea; Rossella; Gigi; Francesca; Paolo
Città: Roma; Venezia; Firenze; Napoli; Palermo; Torino
Nazionalità: cinese; francese; inglese; spagnolo; americano; tedesco; brasiliano; italiano;

1b
cinese; francese; inglese; spagnola; americana; tedesca; brasiliana; italiana;

2a
1. libro; 2. quaderno; 3. penna; 4. lavagna; 5. matita; 6. gomma; 7. dizionario; 8. foglio
A 3; B 6; C 7; D 1; E 8; F 2; G 4; H 5

2b
1. libri; 2. quaderni; 3. penne; 4. lavagne; 5. matite; 6. gomme; 7. dizionari; 8. fogli

3a
1. gomma; 2. schermo; 3. quaderno; 4. penna; 5. cellulare; 6. pennetta usb; 7. caramella; 8. pennarello; 9. libro; 10. stampante; 11. matita; 12. tastiera

3b
1. la/una pennetta usb; 2. la/una stampante; 3. la/una penna; 4. la/una matita; 5. la/una gomma; 6. il/un pennarello; 7. il/un libro; 8. lo/uno schermo; 9. la/una tastiera; 10. il/un quaderno; 11. il/un cellulare; 12. la/una caramella

4a
Orizzontale
MODELLO; AVVOCATO; MEDICO; INSEGNANTE; SEGRETARIO; ATTORE; INFERMIERE; MAESTRO; COMMESSO; IMPIEGATO; INGEGNERE; PENSIONATO
Verticale
STUDENTE; FOTOGRAFO

4b
1. è; 2. sono; 3. ho; 4. siete; 5. abbiamo; 6. hai; 7. è; 8. hai

5.
1. l'italiano; 2. l'inglese; 3. il tedesco; 4. il francese; 5. il cinese; 6. lo spagnolo; 7. il greco; 8. il portoghese; 9. il russo

PER PARLARE

1
1. una donna; 2. in treno; 3. un'amica; 4. una maestra; 5. venti anni

U1

1b
Nome: Mary
Cognome: Smith
Età: 22 anni
Nazionalità: inglese
Indirizzo: via Quattro Fontane 10
Lavoro: fotografa

2
1. Lei; 2. Tu; 3. Voi; 4. Loro; 5. Io; 6. Noi; 7. Loro; 8. Tu; 9. Io; 10. Lui/Lei

3a
Orizzontale
QUANTO – CHE
Verticale
CHI – QUANDO – DOVE – COME – PERCHÉ

3b
1. Chi; 2. Come; 3. Quanti; 4. Perché; 5. Dove; 6. Quante

4
1. b; 2. f; 3. a; 4. c; 5. g; 6. I; 7. d; 8. e; 9. h

5
1. ma; 2. e; 3. e… ma

6
1. parlare; 2. vivere; 3. avere; 4. essere; 5. abitare; 6. studiare; 7. stare; 8. lavorare; 9. scrivere; 10. cercare

7
1. abito; 2. si chiama; 3. parli; 4. sono; 5. ha; 6. sei; 7. è; 8. cerchi

8
1. di; 2. si chiama; 3. è; 4. non; 5. ha; 6. a; 7. ma; 8. in… No!; 9. italiano; 10. inglese

9
1. di; 2. a… in; 3. in… a; 4. di; 5. di

10
1. M/F; 2. F; 3. M; 4. M/F; 5. F; 6. M/F; 7. M; 8. F; 9. M; 10. M/F; 11. F; 12. M

11
1. turca; 2. greco; 3. spagnola; 4. brasiliana; 5. americano; 6. giapponese; 7. inglese; 8. francese; 9. italiana; 10. portoghese

PER PARLARE

1
A: **C**iao. Io so**N**o John. E tu co**M**e t**I** chiam**I**?
B: Pia**C**er**E**. Mi c**H**iam**O** Pablo. Come sta**I**?
A: Benis**S**imo. Gra**Z**ie! Pablo, perch**É** se**I** in Italia?
B: Io sono in Italia per la**V**oro. Sono un foto**G**rafo. E tu?
A: Io non son**O** qui per lavoro, ma per tu**R**ism**O**.

U2

1
1. E; 2. F; 3. D; 4. B; 5. A; 6. C

2
1. Tanti auguri di Buon Natale; 2. Ti auguro un felice anno nuovo; 3. Auguro a te e alla tua famiglia una serena Pasqua; 4. Complimenti per la laurea. Brava!; 5. Buon compleanno! Cento di questi giorni

3
1. a; 2. e; 3. l; 4. i; 5. d; 6. h; 7. g; 8. f; 9. b; 10. c

Più scrivo 1 più parlo

4
A: Quan**DO** festegg**I** il tu**O** onomastico?
B: Io festegg**IO** il mi**O** onomastico il 12 settembre.
A: E quando è il tu**O** complea**NN**o?
B: È il 28 mag**GI**o.

5
Nome: festa; augurio; regalo; amore
Verbo: festeggiare; augurare; regalare; amare

6b
un profumo; una penna; un tablet; un cellulare; una scatola di cioccolatini; un libro; una cravatta; un accendino; un paio di pantofole; uno zaino; un cd; un cappello; una collana; un mazzo di fiori; un dolce; un viaggio; una borsa; un orologio

7
1. Buona Pasqua!; 2. Buon Natale!; 3. Buone feste!; 4. Buon anno!; 5. Buon San Valentino!; 6. Buon compleanno!

8
Feste natalizie: lo spumante; l'albero; i fuochi d'artificio; il presepe; Babbo Natale; il cenone; il panettone; la vigilia
Pasqua: l'uovo; la colomba; la vigilia

9
NATALE con i tuoi e… **PASQUA** con chi vuoi!

PER PARLARE

1
1. auguri; 2. giorni; 3. regalo

U3

1
1. c; 2. d; 3. g; 4. e; 5. a; 6. f; 7. b

2a
1. a casa; 2. in ufficio; 3. al supermercato; 4. al bar; 5. in taxi; 6. al cinema; 7. in uno studio medico

2b
SINGOLARE
1. il; 2. il; 3. l'; 4. lo; 5. il; 6. la; 7. il
PLURALE
1. i cinema; 2. i supermercati; 3. gli uffici; 4. gli studi medici; 5. i bar; 6. le case; 7. i taxi

3
1. Accetto con piacere l'invito.
2. Vuoi venire con me al cinema?
3. Arrivo fra cinque minuti.
4. Mi dispiace, ma purtroppo ora non posso.
5. Ti mando un sms per confermare o disdire l'appuntamento.
6. Appena senti questo messaggio, chiamami subito.

4
1. Scusami; 2. Vuoi venire?; 3. Telefonami!; 4. rifiutare; 5. Rispondimi!; 6. Ci vediamo; 7. C'è; 8. Chiamami!

5
1. a; 2. con; 3. per; 4. da… al; 5. Per… al; 6. con… nel; 7. a; 8. fra… in… a; 9. dal

6
1. venite; 2. posso; 3. andiamo; 4. deve; 5. potete; 6. devo; 7. vuoi… puoi; 8. devono; 9. andiamo; 10. vuoi

7a
1. a; 2. d; 3. b; 4. f; 5. c; 6. e

7b
Orizzontale
GIOIA; FELICITÀ, SPAVENTO
Verticale
ALLEGRIA; SORPRESA; TRISTEZZA; RABBIA
1. GIOIA; 2. ALLEGRIA; 3. FELICITÀ; 4. TRISTEZZA; 5. SPAVENTO; 6. SORPRESA; 7. RABBIA

PER PARLARE

1
1. b; 2. a; 3. d; 4. c

U4

1
1. semaforo; 2. museo; 3. chiesa; 4. banca; 5. edicola; 6. farmacia; 7. ufficio postale; 8. ristorante; 9. bar; 10. biblioteca; 11. fontana

2
lontano-vicino; salire-scendere; davanti-dietro; qui-là; destra-sinistra

3
1. b; 2. g; 3. c; 4. d; 5. e; 6. f; 7. h; 8. a

4
1. VICINO; 2. FRONTE; 3. DIETRO; 4. DAVANTI; 5. MEZZO; 6. INTORNO

5
1. abito; 2. prendi; 3. fermata; 4. fino; 5. destra; 6. edificio; 7. guarda

6
1. Per arrivare a casa mia.
2. Prenda l'autobus numero 4 e scenda alla fermata Duomo.
3. A piedi vada dritto fino all'edicola.
4. Giri a destra.
5. È il primo edificio.
6. Guardi su Google map.

7a
esercizio 5: senti; prendi; scendi; vai; gira; guarda
esercizio 6: prenda; scenda; vada; giri; guardi

7b
lista A: senti; prendi; scendi; vai; gira; guarda
lista B: prenda; scenda; vada; giri; guardi

8
1. devi venire; 2. deve scendere; 3. devi andare; 4. deve venire; 5. devi salire; 6. deve salire; 7. deve andare; 8. devi scendere; 9. deve attraversare; 10. devi guardare

CHIAVI

9
1. da… a; 2. a; 3. in; 4. alla; 5. all'; 6. al

10
Orizzontale
GRIGIO; BLU; NERO; ROSA
Verticale
BIANCO; VERDE; ROSSO; GIALLO; MARRONE; AZZURRO
Il colore 11 è **arancione**

11
1. bianco; 2. giallo; 3. verde; 4. blu; 5. rosso
a. 5; b. 2; c. 4; d. 1; e. 3

PER PARLARE

1
1. MACCHINA; 2. BICICLETTA; 3. MOTORINO; 4. AUTOBUS; 5. METROPOLITANA; 6. FILOBUS; 7. MOTOCICLETTA

U5

1
1. C**amp**E**g**G**i**O; 2. bE**d&**B**r**EA**k**F**a**S**t; 3. O**s**T**el**L**o; 4. p**E**ns**I**o**N**e 5. a**L**be**R**g**O 6. A**g**r**I**t**U**r**I**s**M**o

2
1. bar; 2. reception; 3. spiaggia privata; 4. parcheggio; 5. piscina; 6. sala ristorante; 7. camera doppia; 8. bagno

3
1. caro; 2. tranquillo; 3. sporco; 4. nuovo; 5. grande; 6. brutto

4b
1. e; 2. g; 3. a; 4. d; 5. b; 6. f; 7. c

6a
1. luminoso; 2. città; 3. mare; 4. bacione; 5. dispiace; 6. motivi; 7. cancellare

6b
1. Caro; 2. A presto, un bacio; 3. Gentile/Gentili signore/signori; 4. Cordiali saluti

7
2. dal… al; 2. di; 3. a; 4. alla; 5. al; 6. a… dal; 7. con; 8. Nel

8
Squadra A: porta; lenzuolo; balcone; cassaforte; cuscino; armadio
Squadra B: scrivania; finestra; sedia; specchio; poltrona; comodino

PER PARLARE

1
A: Pront**O**, buongiorno. Avete un**A** camera libera da lunedì prossim**O** fino a venerdì compres**O**?
B: Un attimo, preg**O**. Allora… c'è una camera doppi**A**.
A: Sent**A**, scus**I**, quanto cost**A**?
B: 80 eur**O** a nott**E** con colazion**E**.
A: Perfett**O**! Ah, scus**I**. C'è un balcon**E** o una finestra con vista mar**E**?
B: Tutt**E** le nostre camere sono panoramich**E**.
A: Benissim**O**. Allora, prenoto.
B: Come si chiam**A**?
A: Mario Rossi.
B: Mi pu**Ò** dare il su**O** numero di telefono?
A: Cert**O**. È 3335573671.
B: Grazi**E**, signor Rossi. Arrivederci.
A: Dunque… A lunedì prossimo. Buon**A** giornata.

U6

1
1. alle 7:00; 2. Alle 7:30; 3. Alle 8; 4. alle 8:45; 5. dalle 9:00 alle 14:00; 6. dalle 14:00 alle 16:00; 7. tra le 17:00 e le 17:15; 8. verso le 18:30; 9. Alle 20:30 in punto; 10. fino alle 23:30 circa; 11. a mezzanotte

2
1. prima si sveglia e poi/dopo fa colazione
2. prima si alza e poi/dopo si lava
3. prima si veste e poi/dopo esce di casa
4. prima torna a casa e poi/dopo pranza
5. prima guarda la tv e poi/dopo va a letto

3a
1. mai; 2. spesso; 3. di solito; 4. Qualche volta; 5. sempre; 6. raramente

3b
1. sempre; 2. di solito; 3. spesso; 4. qualche volta; 5. raramente; 6. mai

4
1. Andiamo *raramente* dai nostri nonni.
2. Il mio amico dorme *spesso* a casa mia.
3. *Non* fate *mai* colazione al bar?
4. *Di solito* mi sveglio alle otto.
5. *Qualche volta* vai a cena fuori.
6. I miei genitori fanno *sempre* la spesa al supermercato.

5
1. sabato; 2. martedì; 3. lunedì; 4. domenica; 5. mercoledì; 6. venerdì
Non c'è il **giovedì**

6
1. corre; 2. naviga in internet; 3. fa un corso di fotografia e fa lezione di spagnolo; 4. cena e gioca a tennis; 5. fa la spesa, prende un aperitivo e va al cinema o a teatro; 6. fa una passeggiata al parco o un giro in bicicletta, va allo stadio e mangia una pizza a casa con suo fratello

7a
A. fare una passeggiata con il cane; B. fare ginnastica; C. fare shopping; D. fare la spesa; E. farsi la doccia; F. fare le pulizie

7b
1. resta *a* casa per *fare le pulizie*.
2. va *in* palestra per *fare ginnastica*.

Più scrivo 1 più parlo

3. va *al* cinema per *vedere un film*.
4. va *in* un centro commerciale per *fare shopping*.
5. va *al* supermercato per *fare la spesa*.
6. va *in* un ristorante per *mangiare*.

8
1. si lava; 2. lava; 3. veste; 4. pettina; 5. si pettina; 6. si veste

9
1. si sveglia; 2. veste; 3. ci facciamo; 4. fanno; 5. pettina; 6. ti prepari; 7. guardano; 8. mi lavo

10
1. Senti Federica, oggi che fai di bello?
2. Luciano, sabato vuoi venire con me a teatro?
3. Noi non pranziamo mai a casa.
4. Va bene. A che ora ci vediamo?
5. Prima dovete studiare e poi potete uscire.
6. Di solito andiamo al centro commerciale per fare shopping.
7. Senti, mi dispiace ma non posso venire al cinema con te.
8. Nel pomeriggio Sara e Manuela vanno con la bici nel parco.
9. Ogni sera dalle 10 alle 12 guardiamo un bel film insieme.
10. Ci divertiamo molto quando navighiamo su internet.

U7

1
2. ascoltare la musica; 3. suonare uno strumento; 4. giocare a carte; 5. fare giardinaggio; 6. usare i social; 7. fare un'attività fisica; 9. scattare fotografie; 11. cucinare; 12. andare a pesca

2a
1. È uno studente universitario; 2. Si trova a Napoli; 3. Perché non conosce molte persone; 4. A Giulio non piace restare a casa; 5. Vuole sapere che cosa può fare per non annoiarsi; 6. Scrive in/su un forum

2b

Nome	Di dove è/sono	Consiglio/consigli
Franco	-	visitare il Museo di Capodimonte o un corso di tango
Gennaro	di Napoli	andare a casa sua per vedere le partite in streaming e mangiare la pizza
Mary	della Spagna	andare insieme per un aperitivo al bar Gambrinus
Amici siciliani	della Sicilia	suonare e cantare nella loro compagnia

3
1. Anche; 2. Neanche; 3. Anche; 4. invece; 5. Neanche; 6. invece

4
Giusto: 6; 7
Sbagliato: 1; 2; 3; 4; 5; 8
Correzioni: 1. in una discoteca; 2. in una piscina; 3. al centro; 4. in una pizzeria; 5. a casa; 7. al bar

5
1. b; 2. d; 3. f; 4. l; 5. g; 6. e; 7. c; 8. i; 9. h; 10. a

6
1. al; 2. al; 3. a; 4. in; 5. in; 6. in; 7. in; 8. a; 9. al; 10. in; 11. a; 12. in

7
1. Che cosa posso fare per non annoiarmi?
2. Se non hai voglia di restare a casa, puoi uscire.
3. Neanche a me piace fare collezione di oggetti antichi.
4. Giorgio e Mario fanno spesso gite in montagna?
5. Studio molto e non ho tempo libero.
6. Quando finisco di lavorare, ritorno a casa.

8
1. a**T**tiv**I**tà; 2. b**E**nes**S**ere; 3. pa**S**sa**T**empo; 4. d**I**ver**T**ir**S**i; 5. giar**D**ina**G**gi**O**; 6. a**N**noIa**R**si; 7. ripo**S**aRsi; 8. stru**M**en**T**o; 9. cu**C**in**A**re; 10. col**L**ezi**O**ne

9
1. alcuni; 2. qualche; 3. alcune; 4. alcuni; 5. qualche; 6. qualche

U8

1
alto-basso; grasso-magro; anziano-giovane; triste-allegro; snello-robusto

2a
I gruppo
1. intelligent**E**; antipatic**O**; allegr**O**; trist**E**; divertent**E**; apert**O**
2. sincer**O**; dinamic**O**; sensibil**E**; gentil**E**; piccol**O**; timid**O**

II gruppo
1. seri**O**; chiacchieron**E**; romantic**O**; pigr**O**; interessant**E**; robust**O**;
2. vivac**E**; brav**O**; bell**O**; giovan**E**; muscolos**O**; chius**O**

2b

Aggettivi in –o	Aggettivi in –e
antipatico; allegro; aperto; sincero; dinamico; piccolo; timido; serio; romantico; pigro; robusto; bravo; bello; muscoloso; chiuso	intelligente; triste; divertente; sensibile; gentile; chiacchierone; interessante; vivace; giovane

CHIAVI

3
1. simpatica… intelligente; 2. allegro… divertente; 3. vivace; 4. ovale… lunghi; 5. sensibile… gentile; 6. calvo… dinamico; 7. bello… interessante

4a
1. Mio fratello non è pigro, ma dinamico.
2. Mia sorella non è antipatica, ma simpatica.
3. Il mio amico non è grasso, ma magro.
4. Io non sono alta, ma bassa.
5. Tu non sei chiacchierona, ma silenziosa.
6. Mio padre non è anziano, ma giovane.
7. Alberto non è un ragazzo chiuso, ma aperto.
8. La signora non ha il viso rotondo, ma ovale.

4b
simpatico-antipatico; grasso-magro; alto-basso; silenzioso-chiacchierone; aperto-chiuso; rotondo-ovale

5a
1. italiano; 2. famiglia; 3. lavora; 4. occhi; 5. ricci; 6. sorriso; 7. ama

5b
La mia amica si chiama Stefania. Lei è italiana e abita a Firenze con la sua famiglia. Ha venti anni. Non lavora, ma studia medicina all'Università. È una ragazza alta e magra. Ha il viso ovale, gli occhi azzurri, capelli corti, neri e ricci. È simpatica, allegra e intelligente. Ha un bel sorriso. Ama la musica e detesta la Tv.

6
1. andare a teatro; 2. giocare a scacchi; 3. viaggiare; 4. leggere un libro; 5. mangiare la pizza; 6. fare shopping; 7. fare una passeggiata; 8. guardare la tv; 9. andare al cinema; 10. ascoltare la musica

7
1. tua… tuo; 2. suo… suo; 3. nostra… nostra; 4. vostro… vostro; 5. mia… mia… suo/sua; 6. tuo… tuo; 7. suo… sua; 8. vostro… vostro; 9. sua… sua

8
1. madre; 2. sorella; 3. nonna; 4. figlia; 5. moglie; 6. zia; 7. cugina; 8. (la) nipote; 9. suocera

9
1. mia; 2. mio; 3. i nostri; 4. i loro; 5. i nostri; 6. i suoi; 7. i vostri

PER PARLARE

1.
1. La mia famiglia è composta da quattro persone.
2. I miei genitori sono allegri e simpatici.
3. Mia sorella non lavora, ma studia.
4. Vado d'accordo con mio fratello
5. Mio fratello e io usciamo sempre insieme.
6. Somiglio di più a mio nonno.
7. Sono alto, ma magro e sono allegro e timido.
8. Detesto guardare la televisione e andare al supermercato.
9. In particolare amo mio nonno perché è divertente.

U9

1
1. PANINOTECA; 2. RISTORANTE; 3. FASTFOOD; 4. TRATTORIA; 5. BAR; 6. PIZZERIA; 7. MENSA

4
1. A; 2. C; 3. B; 4. C; 5. A; 6. B

5
Antipasti: affettati e formaggi misti; prosciutto e melone; bruschetta al pomodoro; torta salata
Primi: penne all'arrabbiata; gnocchi alla sorrentina; risotto ai funghi; carbonara; linguine al pesto; zuppa di fagioli; tortellini in brodo; spaghetti pomodoro e basilico
Secondi: arrosto; bistecca ai ferri; grigliata di pesce; pollo allo spiedo; polpette al sugo
Contorni: patate fritte; insalata mista; verdure grigliate
Frutta: macedonia di frutta
Dolci e gelati: tiramisù; gelato alla vaniglia; torta al cioccolato

6
Primo gruppo
1. farf**A**lle; 2. s**P**aghetti; 3. **P**enne; 4. tagliat**E**lle; 5. tor**T**ellini; 6. fus**I**lli; 7. riga**T**oni; 8. ravi**O**li
Modo di dire: "L'appetito vien mangiando"
Secondo gruppo
1. c; 2. d; 3. b; 4. a
Modo di dire: "Ho una fame da lupo!"

7
1. bicchiere; 2. cucchiaio; 3. tovagliolo; 4. vassoio; 5. tazzina

8
2. La = l'acqua (liscia o gassata); 3. Lo = il prosciutto (cotto o crudo); 4. La = la torta (dolce o salata); 5. Li = (i) tè (caldi o freddi); 6. Li = i formaggi (dolci o piccanti); 7. Le = le patatine (arrosto o fritte); 8. Le = le birre (medie o piccole)

PER PARLARE

1
1. b; 2. c; 3. d; 4. a; 5. f; 6. g; 7. e

U10

1
1. i palloncini; 2. il festone; 3. la torta; 4. le candeline; 5. i regali; 6. lo spumante; 7. le bevande; 8. i tramezzini

2b
1. i; 2. d; 3. g; 4. l; 5. h; 6. f; 7. c; 8. b; 9. a; 10. e

3a
1. a; 2. d; 3. c; 4. b; 5. h; 6. e; 7. i; 8. h; 9. g; 10. l
3b
Passato prossimo (infinito)
ho telefonato (telefonare); sono tornata (tornare); ho messo (mettere); ho apparecchiato (apparecchiare); sono uscita (uscire); sono andata (andare); sono venuti (venire); hanno portato (portare); ha preparato (preparare); ho spento (spegnere); è arrivato (arrivare); abbiamo mangiato, cantato, ballato, brindato e scattato (mangiare, cantare, ballare, brindare, scattare); hanno augurato (augurare); ha dato (dare)
3c
con l'ausiliare essere: sono tornata (tornare); sono uscita (uscire); sono andata (andare); sono venuti (venire); è arrivato (arrivare)
con l'ausiliare avere: ho festeggiato (festeggiare); ho telefonato (telefonare); ho messo (mettere); ho apparecchiato (apparecchiare); hanno portato (portare); ha preparato (preparare); ho spento (spegnere); abbiamo mangiato, cantato, ballato, brindato e scattato (mangiare, cantare, ballare, brindare, scattare); hanno augurato (augurare); ha dato (dare)
4
1. La settimana passata Beatrice è andata in un centro commerciale in taxi. Lì ha comprato un regalino a Martina per il suo compleanno. Poi è tornata a casa. Alla fine ha incontrato gli amici in palestra.
2. Ieri per prima cosa Luca è uscito alle 17. Dopo ha preso l'autobus alla fermata. Poi è sceso dall'autobus. Alla fine è andato a piedi a casa di Irene.
3. Martedì mattina io sono andato/-a prima in palestra. Più tardi ho fatto la spesa al supermercato. Il pomeriggio ho preso un aperitivo con Giulia. La sera ho festeggiato il mio onomastico con la famiglia. Infine, sono andato/-a a letto.
5
Orizzontale
PARLATO; VENUTO; MANGIATO; AVUTO; SCELTO; RIMASTO; RISO; BEVUTO
Verticale
USCITO; STATO; ANDATO; DATO; CAPITO; TORNATO; INVITATO
TANTI AUGURI

PER PARLARE
1
Nome: 2. invito; 3. bacio; 6. fotografia
Verbo: 4. regalare; 5. preparare; 7. brindare; 8. augurare

U11
1
2. c; 3. e; 4. a; 5. g; 6. b; 7. d; 8. f; 9. i

2
1. dal fioraio; 2. dal fruttivendolo; 3. dal calzolaio; 4. dal libraio; 5. dal meccanico; 6. dal farmacista
3b
1. Rossella; 2. Cristina; 3. Giovanni; 4. Cristina; 5. Rossella; 6. Federico; 7. Giovanni
4
1. la; 2. mi… ti; 3. lo; 4. La… La; 5. vi… la; 6. ne… li; 7. ci; vi; 8. le
5
1. B; 2. A; 3. D; 4. F; 5. E; 6. C
6
1. a righe; 2. in tinta unita; 3. a fantasia; 4. a quadretti; 5. con stampa; 6. a pois
7
Orizzontale
elegante; scuro; moderno; corto; chiaro; classico; pesante
Verticale
economico; leggero; largo; lungo; sportivo
Aggettivo: **STRETTO**
8
1. di… da… da; 2. in; 3. in; 4. in… a; 5. in… per… con; 6. con… di… sul

PER PARLARE
1
1. e; 2. a; 3. h; 4. f; 5. b; 6. g; 7. d; 8. c

U12
1
1. al mare; 2. in campagna; 3. al lago; 4. in montagna; 5. in una città d'arte
2
1. mi sono alzato/-a; 2. ti sei messa; 3. si è svegliata; 4. ci siamo vestite… ci siamo truccate; 5. si sono annoiati… si sono divertiti; 6. vi siete lavati/-e… vi siete asciugati/-e
3
1. *Se fa bel tempo*: c'è il sole, il mare è calmo
2. *Se fa brutto tempo*: piove, c'è vento, è nuvoloso, il mare è mosso, nevica, c'è la nebbia
4b
1. ho nuotato; 2. ho fatto; 3. ho preso; 4. ho sciato; 5. sono andato/-a; 6. sono andato/-a; 7. ho scattato; 8. ho visitato; 9. sono andato/-a; 10. ho comprato; 11. ho chiacchierato; 12. ho passeggiato
5
1. È andata in montagna; 2. Con la sua famiglia; 3. Hanno usato l'auto; 4. Sono partiti alle 7; 5. Sono arrivati verso le nove; 6. Hanno iniziato a camminare in mezzo al verde; 7. Hanno visto un paesaggio stupendo; 8. Sì, hanno fatto un picnic; 9. Hanno chiacchierato e scattato fotografie; 10. Sì, si è divertita molto

CHIAVI

6
1. è; 2. sono; 3. ho; 4. abbiamo scattato; 5. è; 6. è; 7. avete; 8. sono; 9. abbiamo; 10. è; 11. ho; 12. siamo
7
MARE: ombrellone, gabbiano, spiaggia, sandali, nuotare, barca, costume, conchiglia, zaino, occhiali da sole, paesaggio, pesce, scoglio
CAMPAGNA: fiore, sentiero, zaino, occhiali da sole, paesaggio, prato, scarpe da ginnastica, bosco

U13

1.
1. b; 2. e; 3. c; 4. a; 5. d
2.
2. d; 3. e; 4. a; 5. b
3a
1. A; 2. B; 3. A; 4. B; 5. A; 6. B; 7. B; 8. A; 9. B; 10. A
3b
Annuncio A: gli; lo; *offrir*gli; *contattar*mi
Annuncio B: li; *tener*li
3c
Pronomi diretti: **lo** regalo = **il cucciolo**; contattar**mi** = **me**; **li** regalo = **i tre gattini**; tener**li** = **i gattini**
Pronomi indiretti: **gli** piace = **al cane**; offrir**gli** = **al cane**
4
1. le; 2. la; 3. lo; 4. li; 5. la; 6. lo
5
1. a te… a me; 2. a noi… a voi; 3. a lui… a lei; 4. a Lei
6
1. gli; 2. ti; 3. ci; 4. vi; 5. le; 6. mi
7
1. d; 2. c; 3. m; 4. l; 5. g; 6. i; 7. e; 8. f; 9. n; 10. b; 11. h; 12. a
8
1. degli; 2. del… in; 3. nella; 4. da… dell'; 5. dal; 6. di; 7. per; 8. in; 9. a

PER PARLARE
2
1; 2; 4; 5; 7; 8; 9

U14

1
1. partiranno; 2. mangeremo; 3. uscirai; 4. conoscerò; 5. finirà; 6. venderete
2
Ariete: a. riuscirai (riuscire)
Toro: b. cambierai (cambiare)
Gemelli: c. starai (stare), d. potrai (potere)
Cancro: e. conoscerai (conoscere)
Leone: f. vivrai (vivere)
Vergine: g. dovrai (dovere)
Bilancia: h. comprerai (comprare)
Scorpione: i. smetterai (smettere)
Sagittario: l. viaggerai (viaggiare), m. imparerai (imparare)
Capricorno: n. sarà (essere), o. farai (fare)
Acquario: p. avrai (avere); q. affronterai (affrontare)
Pesci: r. ti dedicherai (dedicarsi)
3a
1. b; 2. a; 3. c
3b
1. b; 2. a; 3. c
4
1. partirò; 2. andrò; 3. frequenterò; 4. verranno; 5. daranno; 6. faremo; 7. visiteremo; 8. vorranno; 9. potremo; 10. Conoscerò/Conosceremo; 11. imparerò/impareremo; 12. passeremo
5
1. d; 2. e; 3. b; 4. c; 5. a; 6. f; 7. g
6
1. al; 2. partiranno; 3. questa; 4. Quando; 5. darà; 6. nuova; 7. pianeta
7
scriverò; porterà; sarà; scenderà; faranno; finirà
8
1. ha scoperto; 2. scoperta; 3. l'invenzione; 4. ha inventato

PER PARLARE
2
1. avranno; 2. farà; 3. guadagnerà; 4. studierà… lavorerà; 5. saprà; 6. costerà; 7. guiderà; 8. piacerà; 9. si innameranno… resteranno

U15

1
a. neonato; b. adulto; c. adolescente; d. bambino; e. anziano; f. giovane
2
1. era; 2. dicevi; 3. parlavamo… spiegava; 4. viveva; 5. giocavate; 6. piacevano; 7. volevo; 8. bevevano
3
1. Ora sono grasso, ma prima ero magro.
2. Ora vado in vacanza al mare, ma prima andavo in vacanza in montagna.
3. Ora abito in città, ma prima abitavo in campagna.
4. Ora faccio il professore, ma prima facevo lo studente.
5. Ora ho la macchina, ma prima avevo la moto.
6. Ora frequento l'università, ma prima frequentavo il liceo.
4b
1. La scrittrice; 2. L'attore; 3. Il calciatore; 4. Il regista; 5. L'attore; 6. La scrittrice; 7. Il calciatore; 8. Il regista

Più scrivo più parlo 1

4c
A: ero; dovevo; facevamo; preparava; avevo; davano; guardavo; era; c'era; vendeva; era; c'erano; poteva; volava; ero; facevo; piaceva; passavo
B: ho deciso; ho cominciato; ha portato; ho iniziato; sono diventata; ha portato

5
1. eri; 2. andavano; 3. avete comprato; 4. piaceva; 5. ho studiato; 6. è caduta

6
2; 5; 7; 10

7
1. Mentre; 2. Mentre; 3. Mentre; 4. Durante; 5. durante; 6. Durante

PER PARLARE

1
1. (Io) avevo i capelli biondi ed ero spensierato.
2. Andavo a scuola ed ero bravo in matematica.
3. La mia maestra era giovane e aveva tanta pazienza.
4. Giocavo a nascondino nel cortile con gli altri bambini.
5. Guardavo la tv e leggevo i libri d'avventura.
6. Vivevo in una casa grande e avevo una cameretta luminosa.
7. Andavo al mare con mia nonna e ascoltavo i suoi racconti.
8. Avevo una bicicletta rossa e facevo passeggiate nel parco.
9. Mi piacevano i dolci e mangiavo tanti gelati.

4
1. felice; 2. bambola; 3. regalo; 4. festa; 5. nero; 6. madre; 7. sorriso; 8. lontana

5
ambito: a; *sbiadito*: a

U16

1
1. d; 2. a; 3. b; 4. e; 5. f; 6. c

2
1. l'ho trovat**o**; 2. l'ho lett**a**; 3. **li** ho visti; 4. **le** ha girate; 5. **ne** ha vinti; 6. l'ha scelt**o**; 7. **ne** abbiamo comprat**i**; 8. l'avete ascoltat**a**; 9. **ne** hai guardat**i**

3b
1. B; 2. A; 3. A; 4. B; 5. A; 6. B; 7. A; 8. B

4
1. nel; 2. Drammatica; 3. dei; 4. il; 5. attore; 6. televisiva; 7. conosciuti; 8. vinto

5
1 l'; 2. le; 3. presi; 4. piacciono; 5. dei; 6. sono; 7. vinto; 8. chiedergli

6
1. finalmente; 2. alla fine; 3. finalmente; 4. alla fine; 5. alla fine; 6. finalmente

7
1. commerciale/impegnato; 2. comico/drammatico; 3. brutto/ bello; 4. divertente/noioso

PER PARLARE

2a
1. Netflix è uno dei servizi di streaming più popolari.
2. Ti permette di scegliere film, documentari e programmi TV.
3. È necessaria la connessione a Internet.
4. Semplice e facile da usare.
5. Su Netflix non ci sono pubblicità.
6. Puoi scaricare un film offline e guardarlo.

3
Risposta b

U17

1
1. grattacielo; 2. villetta; 3. palazzo; 4. condominio; 5. appartamento; 6. cascina

2
1. quadrati… palazzo… ascensore; 2. ammobiliato… riscaldamento; 3. piani… servizi… terrazza

3
1. b; 2. a; 3. g; 4. c; 5. h; 6. d; 7. e; 8.f

4b
1. c; 2. b; 3. b; 4.a

4c
1. dovrei; 2. vorrei; 3. potresti; 4. sarebbe; 5. preferirei; 6. riuscirei; 7. basterebbero; 8. desidererei; 9. piacerebbe; 10. potrei

5
1. b; 2. c; 3. a; 4. d; 5. e

6
1. compreremmo; 2. affitteresti; 3. arrederebbe; 4. prenderebbero; 5. traslocherei; 6. vendereste

7
Orizzontale
accogliente; grande; rumoroso; piccolo; moderno; tranquillo; ammobiliato; rustico; luminoso; scomodo; vecchio; panoramico

8
1. *Nel soggiorno*: divano, tavolino, poltrona, sedia, libreria, lampadario, tappeto, televisore, quadro, (le) tende
2. *In camera da letto*: armadio, poltrona, letto, comodino, cuscino, (le) tende
3. *In cucina*: sedia, frigorifero, lavastoviglia, tavolo, armadietti
4. *In bagno*: doccia, lavandino, specchio, vasca da bagno, armadietti
5. *Nello studio*: lampada, scrivania, sedia, poltrona, libreria, (le) tende

CHIAVI

PER PARLARE
1
1. e; 2. d; 3. b; 4. c; 5. a
3
1. g; 2. h; 3. f; 4. a; 5. c; 6. d; 7. b; 8. e

U18
1
1. sciroppo; 2. iniezione; 3. pomata; 4. compressa; 5. cerotto; 6. ovatta; 7. gocce; 8. termometro
2
1. c; 2. a; 3. b
3
Risposta b
4
1. dal; 2. per; 3. in; 4. di; 5. con; 6. al; 7. all'/in; 8. della
5b
X: 2; 3; 5; 6
5c
1. Fa'; 2. mangiare; 3. fatti; 4. rilassati; 5. respira; 6. Limita; 7. ascolta; 8. prendere; 9. bevi; 10. Pensa
6
1. fallo; 2. bevetela; 3. dalle; 4. compriamone; 5. non dirlo; 6. non riposatevi; 7. non andarci; 8. rilassati; 9. non prendere
7
1. b; 2. b; 3. b; 4. a; 5. a; 6. a

PER PARLARE
1
1. h; 2. c; 3. a; 4. d; 5. f; 6. g; 7. e; 8. b

U19
1
a. acustico; b. dell'aria; 3. dell'acqua; 4. del suolo
2
1. rispettare; 2. multare; 3. pulire; 4. partecipare; 5. tutelare; 6. raccogliere; 7. scrivere; 8. riciclare; 9. degradare; 10. sprecare
3
partecipanti; materiali; inizio; offerto; regalo; fine
4b
1. A; 2. B; 3. A; 4. B; 5. A; 6.B
5
1. c ; 2. d; 3. a; 4. b
A 3; B 1; C 4; D 2
6
1. Stiamo aspettando i partecipanti alla giornata ecologica contro lo spreco dell'acqua.
2. Gli studenti stanno raccogliendo le bottiglie di plastica sulla spiaggia.
3. I turisti stanno per arrivare perché sta per arrivare l'estate.
4. Stai sprecando troppa acqua per lavare la tua macchina
5. L'inquinamento sta per distruggere il nostro pianeta.
6. State per usare le bombolette spray per imbrattare i monumenti con le scritte?
7
1. e; 2. g; 3. i; 4. b; 5. a; 6. f; 7. d; 8. h; 9. c

PER PARLARE
1
a. Venezia; b. Napoli; c. Roma; d. Milano; e. Palermo; f. Firenze

U20
1
1. tamburo; 2. chitarra; 3. tromba; 4. batteria; 5. pianoforte; 6. violino
2
cantare – canzone – cantante; suonare – suono – suonatore; ascoltare – ascolto – ascoltatore; ballare – ballo – ballerino
3
1. f; 2. l; 3. a; 4. b; 5. d; 6. g; 7. c; 8. e
4b
1. Anna; 2. Davide; 3. Davide; 4. Bianca; 5. Bianca; 6. Pietro
5.
1. b; 2. b; 3. b; 4. a; 5. b; 6. b; 7. b; 8. b
6a
1. su; 2. su; 3. in; 4. su; 5. in; 6. nel; 7. da; 8. di; 9. in; 10. a; 11. da; 12. nel; 13. da; 14. di; 15. in; 16. a; 17. a; 18. con; 19. nel; 20. da; 21. di; 22. in; 23. a
6b
1. di; 2. è; 3. casa; 4. primavera; 5. gli; 6. messo
7
CAMBIA LA MUSICA, MA NON I SUONATORI
Risposta: a

PER PARLARE
2
1. Perché hai deciso di dedicarti alla musica?
2. Hai mai partecipato ad un talentshow?
3. Quali artisti hanno influenzato le tue scelte musicali?
4. Dove andrai in tournée quest'estate?
5. Secondo te, il successo di una canzone dipende dai social?
6. Che significa per te la musica?

FONTI

U3

Scriviamo

Attività 2a
- 5: https://www.dirittodisvago.it/wp-content/uploads/2019/08/waiting-926533_960_720.jpg
- 7: https://www.aisla.it/wp-content/uploads/2018/04/doctors-office-1944117_960_720.jpg

Per parlare

Attività 2
- https://www.elisaroda.it/wp-content/uploads/2019/09/texting-1999275_960_720.jpg
- https://cdn.quinews.net/slir/w1200-h630/images/1/1/11-smartphone-569076-960-720.jpg

U4

Scriviamo

Attività 1
- 7: www.gedistatic.it/content/gnn/img/lastampa/2021/08/06/093321696-f01e6df1-bf33-4eeb-b93f-e9d8a06e90a5.jpg

U11

Scriviamo

Attività 6
- 2: https://m.media-amazon.com/images/I/91LpbWFdUvL._AC_UY606_.jpg
- 3: https://m.media-amazon.com/images/I/71BFGDthQlL._AC_UX522_.jpg
- 4: https://m.media-amazon.com/images/I/71LnZ1wdoUL._AC_UX385_.jpg
- 5: https://m.media-amazon.com/images/I/61bQa18jdgL._AC_UX679_.jpg
- 6: https://m.media-amazon.com/images/I/51a8xI0cs7L._AC_UX679_.jpg

U18

Attività 1
- 6: https://upload.wikimedia.org/wikipedia/commons/b/b6/Vatta2.jpg

Attenzione!
Tutte le altre immagini non presenti in questo elenco sono state prese da www.shutterstock.com e www.pixabay.com.